U0578600

内蒙古长城

战国秦汉篇

张文平 著

文物出版社

图书在版编目（CIP）数据

内蒙古长城．战国秦汉篇 / 张文平著．-- 北京：文物出版社，2019.12

ISBN 978-7-5010-6459-5

Ⅰ．①内… Ⅱ．①张… Ⅲ．①长城－调查研究－内蒙古－战国时代②长城－调查研究－内蒙古－秦汉时代 Ⅳ．①K928.77

中国版本图书馆CIP数据核字(2019)第275910号

内蒙古长城：战国秦汉篇

著　　者：张文平

责任编辑：冯冬梅
装帧设计：刘　远
责任印制：梁秋卉

出版发行：文 物 出 版 社
地　　址：北京市东直门内北小街2号楼
邮　　编：100007
网　　址：http://www.wenwu.com
邮　　箱：web@wenwu.com
印　　刷：北京荣宝艺品印刷有限公司
经　　销：新华书店
开　　本：889mm×1194mm　1/16
印　　张：12.75
版　　次：2019年12月第1版
印　　次：2019年12月第1次印刷
书　　号：ISBN 978-7-5010-6459-5
定　　价：280.00元

目录

前言

漫漫长城调查之路
拳拳赤子不忘初心

—— 内蒙古自治区长城资源调查工作的回顾

2006年初，国家文物局在河南省、内蒙古自治区、浙江省宁波市开展了第三次全国文物普查（简称“三普”）的试点工作。当时，我还在内蒙古大学蒙古学学院攻读博士学位，时任内蒙古自治区文物考古研究所所长的塔拉先生找我谈话，让我一边学习一边回单位工作，主持自治区的“三普”试点项目。我自从大学毕业分配到自治区文物考古研究所工作以来，长期跟随塔拉所长下考古工地，搞调查，搞发掘，相互都很信任，一口允诺了下来。由于此前有与美国匹兹堡大学合作搞区域性考古调查的经验，学习了一些先进的考古调查方法，运用到“三普”试点工作之中，一年下来，内蒙古自治区的“三普”试点工作得到了国家文物局领导和专家的肯定，为国家制定全国的文物普查规范提供了有益的借鉴。

2007年，国家文物局又开展了全国性的长城资源调查项目，由于长城资源调查与“三普”有一些相似性，塔拉所长让我两个项目一起做。那个时候年轻，做工作有热情，一起做就一起做吧，虽然感觉肩上的担子重了，但干劲很足。于是，我召集了本单位、12个盟市及部分旗县的一些业务骨干，熟悉资料，制定计划，分头行动了起来。此前，我区老一辈考古工作者在长城考古方面已经做了大量工作，尤其是以李逸友先生为代表，跑了很多地方，勾画出了全区长城分布的大致线路，为我们开展长城调查提供了基础性材料。

参加了国家文物局举办的长城资源调查培训之后，我们又举办了自治区

图一
参加国家居庸关培训的内蒙古学员与老师合影，那时大都还是年轻人

级的培训（图一）。自治区培训结束后，自治区文化厅、文物局举行了一个“内蒙古自治区长城资源调查启动仪式”，自治区党委、政府对本次长城资源调查工作也极为重视，出席启动仪式的自治区领导亲自为调查队员授旗，鼓励调查工作取得成功（图二）。自治区文化厅、文物局为各长城调查队购置了专门的车辆，各种专业的现代化调查设备一应俱全。万事俱备，调查队员整装出发了（图三）。

调查队员大部分是年轻人，掌握现代化设备快，不怕吃苦，都感觉没有克服不了的困难。翻山越岭，风餐露宿，长城在我胸中，长城在我脚下，大家以作为一名长城调查队员而倍感骄傲。现在，和这些老队员谈起调查长城的艰辛，问他们有没有信心像当年一样再走一次长城，他们都不敢想象能够走下来了。对长城的热爱，对事业的执着，是那时大家共同的理想和信念。

按照国家文物局的要求，2007 ～ 2008年，我们组建了5支明长城调查队，完成了全区明长城调查的任务。2009年组建了7支秦汉及其他时代长城调查队，开始调查明代以前的长城。按照国家文物局与国家测绘局联合公布的明长城调查数据，我区的明长城墙体坡面长度为712.603千米，只占全区长城墙体总长度的不足十分之一。内蒙古秦汉及其他时代长城调查的工作量很大，而国家文物局要求在2010年底之前必须完成全部的田野调查任务，时任国家文物局局长的单霁翔先生要求内蒙古在2010年组建30支长城调查队。可我区从事文物考古的专业人员有限，能跑野外的更少，很多人同时还在做“三普”工作，组建30支调查队何其难也！只能多方想办法，联系内蒙古大学、内蒙古师范大学，找了一批学习历史、考古专业的本科生、硕士研究生，充实到一线调查队伍之中。这样，2010年以老带新，共组建了21支调查队，斗酷暑，战严寒，充分保质保量地完成了国家交付的任务（图四～七）。

图二

图三

图二
内蒙古自治区长城资源调查启动仪式，自治区领导为调查队员授旗
图三
锡林郭勒盟长城资源调查启动

图四

图六

图七

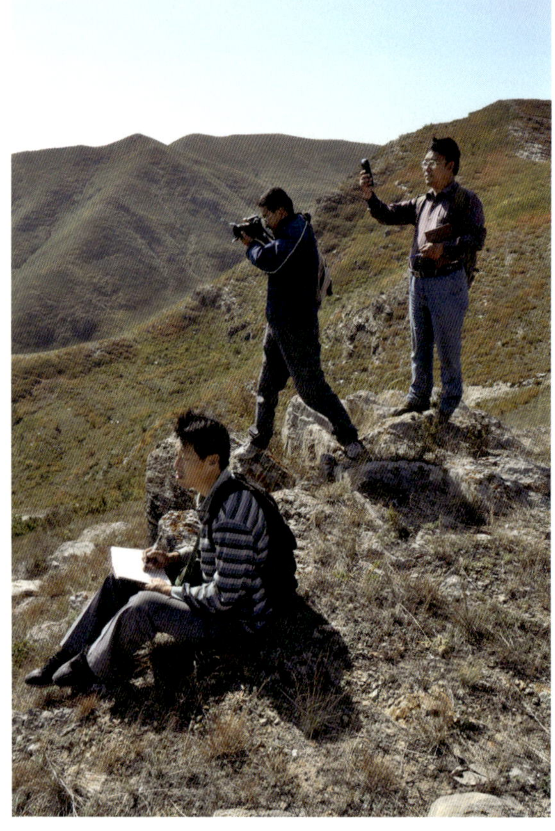

图五

图四
阿拉善盟长城调查队在调查中
图五
赤峰市长城调查队在调查中
图六
鄂尔多斯市长城调查队实地测量
图七
兴安盟长城调查队核对数据

2012年6月5日，国家文物局在北京居庸关长城公布了全国长城资源调查的最终成果数据，共调查历代长城墙体的总长度为21196.18千米，分布于北京、天津、河北、山西、内蒙古、辽宁、吉林、黑龙江、山东、河南、宁夏、陕西、甘肃、青海、新疆15个省、自治区、直辖市，包括长城墙体、壕堑、单体建筑、关堡和相关设施等长城遗产43721处。

最终我们计算出，在本次长城资源调查中，内蒙古共调查长城墙体长度为7570千米，包括长城墙体、壕堑、单体建筑、关堡和相关设施等长城遗产13728处，包含了战国时期赵国、燕国、秦国和秦代、汉代、辽代、金代、明代等多个朝代修筑的长城。长度最长、时代最多，可以说是内蒙古长城的两大特点。

田野调查结束后，大家以为可以松口气了，但资料整理、调查报告编写两大任务接踵而来。塔拉所长曾在一次会议上对长城调查队员们讲道，田野调查很辛苦，但苦中有乐，有攀登之乐，有发现之乐；后期资料整理，每天直面的都是枯燥的数据记录，需要埋头苦干，一定程度上比田野调查更辛苦。我们在呼和浩特市市区内租了一间大房子，把骨干队员们集中在一起，每天同吃同住，共同埋头苦干。两年下来，13728处长城遗产的记录资料完完整整地交付于国家文物局；再三年下来，囊括内蒙古历代长城的8部长城调查报告，陆续交付文物出版社。

整整10年的时间里，有近150名考古工作者参加了内蒙古的长城调查工作，是长城凝聚了大家，是长城调查工作锻炼、培养了大家。当年风华正茂的长城调查队队长，如今大多走上了本单位的领导岗位，他们说，是长城资源调查历练了他们的领导能力和业务水平；当年初出茅庐的大学生，如今绝大部分走上了工作岗位，在文物系统工作的会说是长城资源调查让他们加深了对文物考古事业的迷恋，没在文物系统工作的还经常和一起“战斗”过的队员们保持联系，当年的那份长城情节让他们一生无法割舍。

国家文物局领导并组织了本次长城资源调查工作，以单霁翔局长为首的相关领导对内蒙古的调查工作始终予以极大的关心、支持，尤其在经费方面给予充分保障。设在中国文化遗产研究院的国家长城资源调查项目组是本次长城调查的具体业务指导机构，荣大为副院长、杨招君主任等领导每年数次带领专家组来内蒙古实地考察、指导，帮助解决在调查中遇到的各种难题，

图八

尤其是在业务方面高标准、严要求，保证了我区调查成果的质量（图八）。内蒙古自治区航空遥感测绘院是我区长城调查的业务协作单位，“文物定性，测绘定量，”测绘专家们也常年和长城调查队员们奔波在田野一线，保证了长城测绘数据的真实性、准确性。自治区党委、政府的相关领导，自治区文化厅、文物局的相关领导，自治区文物考古研究所的领导和同仁们，长城沿线盟市、旗县文化文物部门的领导和同仁们，都给予本次调查工作不同方面、不同程度的关心和支持，在此恕不能一一列举感谢了。

图八
国家长城资源调查项目组实地验收内蒙古长城

长城时而屹立于崇山峻岭之上，时而蜿蜒于乡野阡陌之间，时而雄伟高大，时而俯卧如土垄。在田野调查工作中，往往离不开长城沿线广大农牧民的帮助，他们为调查队员指引道路，为调查队员们提供食宿方便。通过与长城调查队的接触，一些农牧民了解了长城的价值和意义，在他们眼里不起眼的一道土垄原来是老祖先遗留下来的宝贵文化遗产，于是他们成了真正的义务长城保护员。

长城调查队是调查员，还是宣传员，又是保护员。在调查过程中，我们印制了长城宣传册，分发给长城沿线的农牧民和工矿企业，让大家认识长城、了解长城，从而避免无意识的破坏长城事件的发生（图九）。长城调查队阻止了很多潜在的破坏长城行为，也发现了一些正在破坏长城的行为，对于后者，长城调查队予以制止的同时，及时向上级文物行政主管部门报告。如2009年大青山金矿破坏秦汉长城案件，就是调查队员第一时间发现并报告的。

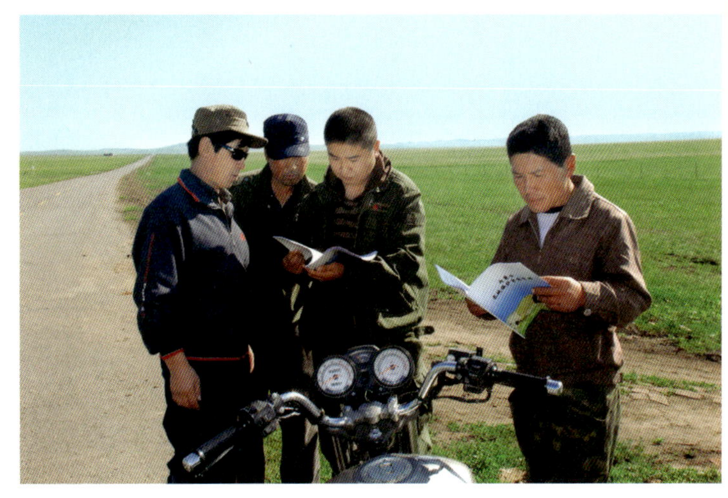

图九

图九
呼伦贝尔市长城调查队向牧民发放长城宣传册

“雄关漫道真如铁，而今迈步从头越。”长城资源调查工作的结项，并不意味着长城研究工作的结束；长城调查仅仅是建立了长城基础数据系统，走出了长城研究的第一步（图一〇）。长城本身是一个复杂的军事防御体系，长城两侧历史上不同时期农耕民族与游牧民族的关系问题，更是中国历史研究的大问题。只有对长城进行不断深入的研究，才能更加有的放矢地宣传长城、保护长城，而这些我们都做得还远远不够。

“经过历史的曲折发展，长城时代终于结束，咒骂长城恨不能将其哭倒的历史故事已不再动人。在新的时代心态下，长城得到了道德重建，‘修我长城’成为恢复民族自信的号召。长城地带，曾为家乡，现在面临的是全面的社会更新。”我的老师、历史地理学者唐晓峰先生，将这一段话作为其大作《长城内外是故乡》一文的结束语[1]。我将这段话引在这里，作为本文的结束，让长城成为“全面的社会更新”的家乡的有机组成部分，才是长城的历史文化遗产价值最为凸显之时。

1. 唐晓峰：《长城内外是故乡》，《读书》1998年第4期。

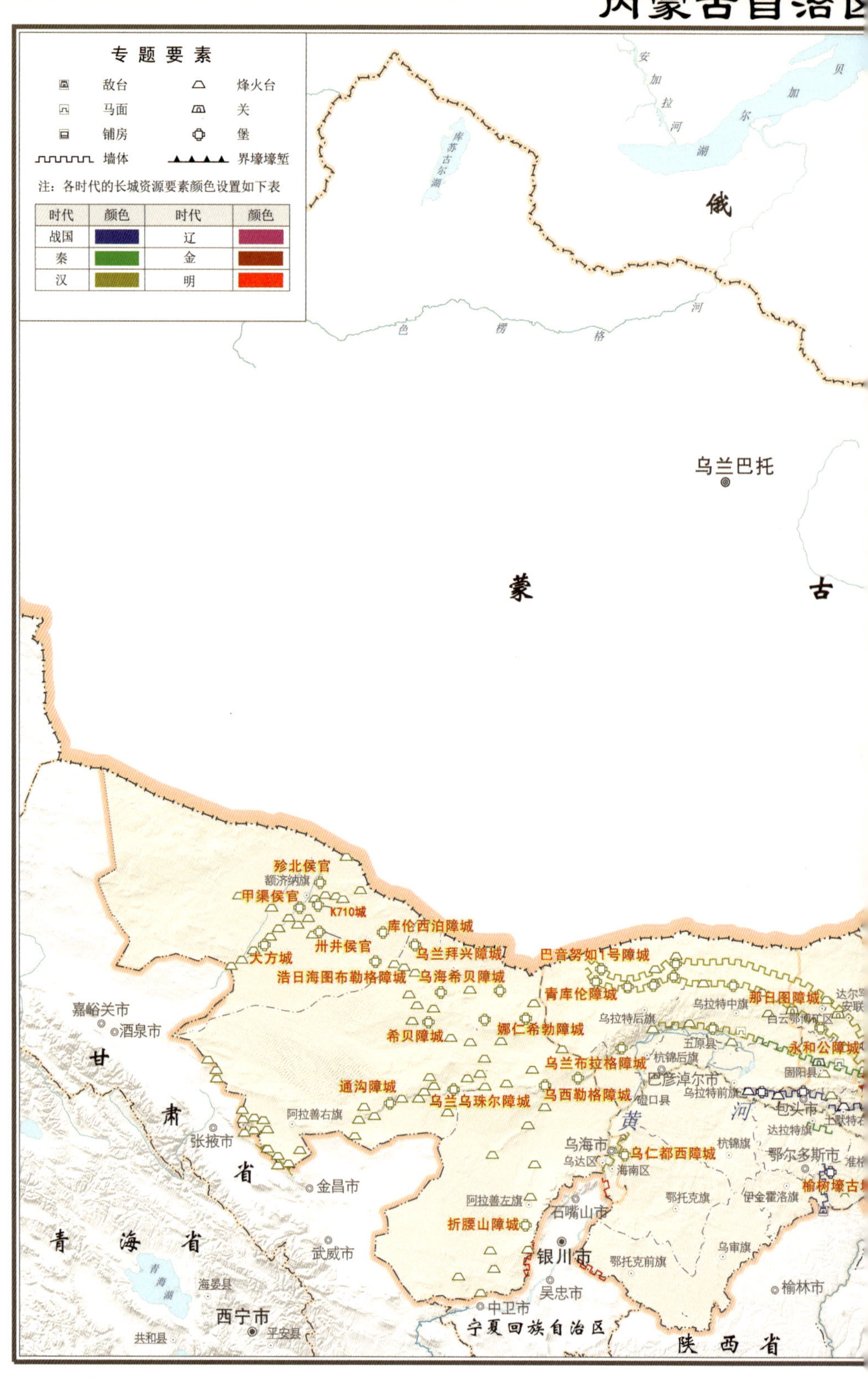

图一〇 内蒙古自治区历代长城分布图

长城分布图

罗
斯
黑龙江省
吉林省
辽宁省
河北省
天津市
北京市
渤海
辽东湾
图例
首都
省级行政中心
地级市行政中心
县级行政中心
国界
省级界
地级界
县级界
单线河
双线河
湖泊水库
比例尺 0 45 90千米
永合发边堡
新丰边堡
好仁2号边堡
很基沟二队边堡
白音高勒边堡
哈达营子边堡
乌格木尔边堡
范家沟边堡
胡家店边堡
萨如拉塔拉边堡
乌拉苏太关
和日木图边堡
巴彦杭盖边堡
边墙沟边堡
冷水塘古城
沙巴营子古城
七家古城
西土城子古城
黑城古城
卫东边堡
宝日浩特边堡
根河市
额尔古纳市
鄂伦春自治旗
加格达奇
黑河市
满洲里市
陈巴尔虎旗
牙克石市
呼伦贝尔市
鄂温克族自治旗
新巴尔虎右旗
新巴尔虎左旗
莫力达瓦达斡尔族自治旗
阿荣旗
扎兰屯市
齐齐哈尔市
阿尔山市
扎赉特旗
大庆市
绥化市
乌兰浩特市
哈尔滨市
白城市
突泉县
松原市
东乌珠穆沁旗
霍林郭勒市
科尔沁右翼中旗
西乌珠穆沁旗
扎鲁特旗
阿巴嘎旗
锡林浩特市
苏尼特左旗
巴林左旗
科尔沁左翼中旗
长春市
吉林市
林西县
阿鲁科尔沁旗
开鲁县
通辽市
四平市
巴林右旗
克什克腾旗
翁牛特旗
奈曼旗
库伦旗
科尔沁左翼后旗
辽源市
正镶白旗
正蓝旗
多伦县
赤峰市
敖汉旗
铁岭市
白山市
镶黄旗
化德县
太仆寺旗
商都县
元宝山区
喀喇沁旗
宁城县
阜新市
抚顺市
沈阳市
通化市
朝阳市
辽阳市
本溪市
乌兰察布市
兴和县
张家口市
承德市
锦州市
盘锦市
鞍山市
葫芦岛市
大同市
秦皇岛市
唐山市
廊坊市
天津市
保定市
忻州市
阳泉市
石家庄市
沧州市

第一章

战国以来中原王朝北方地区军事防御的三种主要形态

农耕与游牧的差异，所导致的中原王朝与北方游牧民族政权之间的关系，是中国历史上长期存在的一个重大问题。

总结起来，战国以来中原王朝采取的防御北方游牧民族的方式，主要可分为以下三种形态：第一种是修筑长城，在长城沿线建立完备的军事防御体系；第二种是军镇加游防，固定的军事城邑与游军的流动巡逻相结合；第三种是采取羁縻的策略，以降附的北方游牧部族作为边防屏障。

第一种，修筑长城防御北方游牧民族的历代王朝中，战国燕、赵、秦三国是鼻祖，其后有秦朝、西汉、北齐、隋朝、辽朝、金朝、明朝等王朝。

从战国燕、赵、秦三国修筑拒胡的长城，直至秦汉长城，中原王朝不断向北方地区扩展疆土，体现的是农耕民族对可利用土地的不断扩大化。西汉王朝甚至一举将长城防线延伸至阴山山脉以北的草原之上，将匈奴驱逐出漠南草原，双方以大漠为界。如果说燕、赵、秦三国及秦朝的疆域北界还局限于农耕地带，西汉王朝的北界则远远超越于农耕区之外。修筑长城的优势，是可以利用长城开展全面防御。战国秦汉长城是在开疆拓土的基础上修筑防御的长城，通过长城扩展了能够有效控制的领土，本质上均属于积极进攻的长城（图一）。

史书记载，隋朝曾多次修筑长城，但隋长城的遗迹今天多难寻觅。与秦朝一样，隋朝修筑长城时间短，并未能够在长城沿线建立起完善的军事防御体系。

辽代的长城，分布于内蒙古自治区呼伦贝尔市和蒙古国克鲁伦河以北一线（图二）；此外，在内蒙古东起呼伦贝尔市、西至包头市以及蒙古国克鲁伦

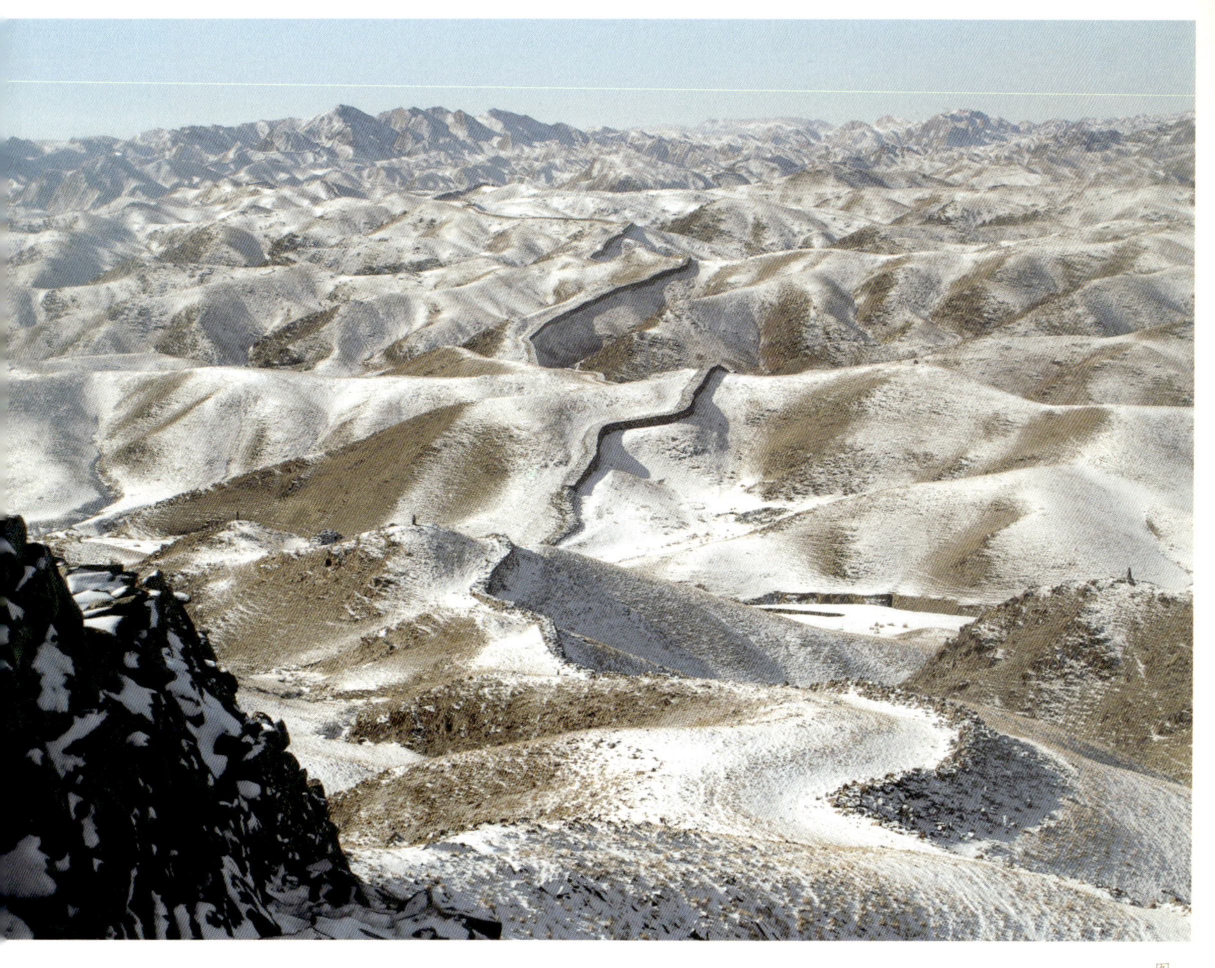

图一

图一
巴彦淖尔市乌拉特前旗小佘太汉长城

河北岸，均陆续发现有辽代的边防城。

建立金朝的女真人属于渔猎民族，与农耕民族之间有着天然的联系，与游牧民族的生产生活方式及由此而产生的文化心理差异很大。金朝代替契丹人建立的辽朝，同时继承了辽朝的大部分领土，但金朝的势力不断向南发展，直至黄河流域，而放弃了辽朝原有的对漠北地区的管理。金朝守在漠南，

图二

经营的重心在中原，立国之本是农业，于是在漠南地区构筑长城防线——金界壕，主要防御不断崛起的蒙古诸部（图三）。

金界壕东西绵延于漠南草原，汉长城依托燕山山脉—阴山山脉构筑，而明长城则退缩于燕山南侧，到河套地区已完全分布于阴山以南的黄土丘陵区了（图四）。一般来讲，长城是保守的象征，这个说法应是基于明长城而言的，不能代表金界壕，更不能代表战国秦汉长城。

汉代、金代、明代，是中国历史上大规模修筑长城的三个时代，三个时代长城的分布大体上呈南北并列之势，汉长城居中，金界壕在北，明长城在南。所谓的"秦始皇万里长城"，绝大部分是沿用了燕、赵、秦三国长城，而三国长城中的绝大部分又均为汉代加筑沿用。所以，汉长城才是中国历史上真正最早的万里长城，并依托长城形成了"边郡—部都尉—候官—部—燧"的完整军事防御体系。金

图二
呼伦贝尔市额尔古纳市尖山子辽长城

图三

图四

图三
锡林郭勒盟正蓝旗黑城子金界壕

图四
呼和浩特市清水河县小岔子明长城

界壕沿线，自东北向西南设置有东北路、临潢府路、西北路、西南路四个招讨司；明长城沿线，自东向西设置有辽东、蓟州、宣府、大同、太原、延绥、宁夏、固原、甘肃九镇。

第二种是军镇加游防，北魏、唐朝、西夏是游防的代表。北魏在漠南草原构筑了东西六镇，以六镇为据点，以归附的高车部落作为游防军主力。此前，关于北魏长城的讨论很多，有泰常八年长城、畿上塞围、六镇长城、太和长堑等众多名目。经调查研究，不存在所谓的“泰常八年长城”，《魏书·太宗纪》记载的泰常八年（423年）“筑长城于长川之南”，修建的是一座名为“长城”的城堡（今乌兰察布市兴和县元山子土城子古城）。唐朝设立三受降城于阴山以南，在阴山以北有游军游弋。西夏在北部边防线上设有黑山威福军司、白马强镇军司、黑水镇燕军司（图五）三大军司，以军司及其所辖城寨为据点进行防御，不存在所谓的“西夏长城”。

第三种，对北方游牧民族采取羁縻政策，以东汉、清朝为代表，唐代早期亦如此。东汉时期，北

图五
阿拉善盟额济纳旗黑城古城航拍图，其中东北角小城为西夏黑水镇燕军司治城黑水城

图五

匈奴已难以对中原王朝构成真正的威胁，南匈奴、乌桓、鲜卑等部族大量南下，归附于东汉王朝。东汉因势利导，一改西汉大修长城的做法，而是利用这些部族布列于沿边郡县，让他们为汉朝守边。东汉设置使匈奴中郎将、度辽将军、护乌桓校尉等官职，管理这些部族。这些部族平时游牧，战时随汉朝军队出征，经常接受朝廷的赏赐。

唐朝灭东突厥汗国之后，设置了大量的羁縻府州，安置突厥降户。对降附的铁勒诸部、薛延陀、回纥、党项、吐谷浑等，唐朝也采取了同样的政策。羁縻府州的长官即为部族首领，而在羁縻府州之上，设置有高一级的都督府、都护府等机构，由中央委派官员，管理这些羁縻府州。

清朝推行蒙旗制度，将蒙古部落分为内属蒙古、外藩蒙古，外藩蒙古又分为内札萨克蒙古、外札萨克蒙古，将长城外的蒙古部落分而治之。盟旗之上，清朝派驻有绥远城将军、定边左副将军（驻乌里雅苏台），掌握地方军政大权，管理盟旗事务。

三种不同的军事防御形态，无所谓优劣之分，立足点在于根据中原王朝自身的实力、对手的强弱，采取因地制宜之策。司马迁对汉武帝修长城、伐匈奴、通西域等穷兵黩武之举颇多指责，但面对强悍的匈奴帝国，一味苟且忍让、委曲求全，又岂能造就宏大的汉帝国，孕育出绵延流长的汉民族？在西汉王朝的持续打击之下，匈奴退居于漠北，单纯的游牧经济难以抵抗大规模的天灾，匈奴统治集团内部不可避免地发生争斗，导致分裂。呼韩邪单于穷途末路之际，不得已南下附汉，汉朝利用呼韩邪单于葆塞，以对抗郅支单于。公元前33年，呼韩邪单于迎娶汉室宫女王昭君，封为宁胡阏氏。或认为，昭君出塞换得汉匈和平六十年。实际上，西汉晚期的汉匈和平关系，是完全靠西汉王朝打出来的。王昭君对汉匈和平关系有一定的促进，但在当时的情形之下，只不过是锦上添花而已。当然，从现实意义上讲，将昭君出塞视为民族团结的象征，也是无可厚非的（图六）。

图六

唐朝与汉朝并称盛世，唐朝不修长城的原因，并非如唐太宗所讲："自古皆贵中华，贱夷狄，朕独爱之如一，故其种落皆依朕如父母。"[1]李世民的民族观，较之前朝历代君主，有其进步性。但唐朝不修长城的原因，并不在于此。北朝晚期以来，突厥势力大盛，西魏、北周、北齐、隋朝等皆受其侵伐，唐朝立国之初也数受突厥威胁。但突厥内部并不统一，隋代即分裂为东、西突厥汗国，唐初两个突厥汗国内部又出现了纷争，周边以铁勒诸部为首的各部族对其反抗不断。在这种情势之下，629 ~ 630年，唐王朝派李靖、张公谨、李勣等大将出兵东突厥汗国，东突厥内外交困，一击即溃，臣服唐朝五十年。此后兴起的薛延陀汗国，在唐朝的打击下很短的时间内即告土崩瓦解。复兴的后东突厥汗国势力稍盛，唐朝兴筑三受降城，对其加强防御。代后东突厥

图六
呼和浩特市大黑河畔王昭君墓及墓前和亲铜像

1.（宋）司马光编著《资治通鉴》卷198《唐纪十四》，上海古籍出版社，1987年，第1322页。

汗国而立的回鹘汗国，与唐朝一直保持着和好关系。由此可见，唐朝不修长城，实在是对手太弱了。修长城首先需要消耗大量的人力、物力，利用长城防御又需要投入大量的兵力。面对较弱的对手，何须大动干戈？通俗地说，就是杀鸡焉用牛刀。

有对手实力不济无须修长城防御的，也有自身实力不济修不起长城的，西夏就属于后者。俄罗斯、蒙古国的学者，在中国北方、蒙古国南戈壁省发明了一系列“西夏长城”。以前，日本、苏联的一些学者抛出一些类似“长城以北非中国论”的论调，为日本侵华、沙俄割占大片中国领土开脱罪责。今天，无论这些外国学者的观点是否带有政治目的，但在汉长城沿线发现了几块黑釉瓷片，便将汉长城讹为“西夏长城”，是难以经得起推敲的。

西汉王朝不断开疆拓土，长城防线持续向北拓展，将匈奴驱逐至大漠以北。汉长城是积极进取的长城。金界壕始筑于漠北，后退守于漠南，但也是与蒙古诸部以大漠为界，尚属于“中庸”的长城。到了明长城，则完全可以说是退缩的防线、保守的象征，此时的中华帝国在骨子里已经是软弱的，软弱必求自保，自保必然封闭。砖石结构的城墙中，包裹的是一个脆弱的灵魂。此种软弱，从文化的基因上影响到了清朝。清朝虽自诩不修长城，但利用明长城隔绝华夷，采用蒙旗制度将长城外的蒙古部落分而治之。这种民族割裂、民族弱化政策，给了野心勃勃的沙俄可乘之机，也就是在这一时期，沙俄侵占了中国大片人烟稀少的领土。

近代以来，由于西方列强的入侵，中国历史上长期的南北对抗，转化为东西对抗。新中国成立之后，长城内外融为一体，气候差异仍然在影响着人类生业的不同，但由此导致的人群文化的分野日趋缩小。历史上的长城，已成符号；东、南、西、北、中五大战区，是当下中国的长城。守卫当下长城的中国人，祖述汉唐，包容开放，方显英雄本色。

第二章

内蒙古战国秦汉长城概述

1987年，联合国教科文组织将明长城山海关、八达岭、嘉峪关等重要段落公布为世界文化遗产。在2007 ~ 2014年开展的全国长城资源调查工作中，内蒙古自治区共调查包括长城墙体、壕堑、单体建筑、关堡和相关设施等长城遗产13728处，分布于全区12个盟市的76个旗县，包含了战国赵、战国燕、战国秦和秦代、汉代、辽代、金代、明代等多个历史时期。在全国15个有长城分布的省、自治区、直辖市中，内蒙古长城具有长度最长、时代最多两大特点。其中，鄂尔多斯市战国秦长城、阳山秦汉长城、阳山朔方郡汉长城、居延遗址群、金界壕、清水河县明长城等长城段落，均已由国务院公布为全国重点文物保护单位，除此而外的其他长城段落，均于2014年公布为第五批内蒙古自治区文物保护单位。

一　长城的起源

春秋时期，列国之间为了相互防御而挖掘界沟，史籍中称作“封略”。到战国时期，随着骑马技术的不断推广，列国之间的疆界演变发展为土筑或石砌的墙体，这种作为国界的长墙就是最早的长城，即早期长城。

二　长城的分类

依据时代、规模、形制、性质等的综合差异，将中国历史上不同阶段修筑的长城分为五类，依次为早期长城、秦汉长城、金界壕、明长城、其他时代长城。

从整个中国长城发展史的角度来看，春秋战国时期列国修筑的长城可称为早期长城，此后秦汉长城、金界壕、明长城构成了中国长城发展史上的三个大规模修筑长城的主要阶段。以上而外，其他时代修筑的长城大多没有形成较为完备的长城防御体系，有的甚至仅仅属于临时性的防御设施，如北齐长城、辽长城、北宋长城等，统称为其他时代长城。

三　早期长城

战国晚期，“战国七雄”之中有赵、燕、秦三国边于北方游牧部族，它们都在其北方边界之上修筑了长城。三国长城在今内蒙古境内均有分布，是为内蒙古的早期长城。依照修筑时间的早晚，三国长城依次为战国赵北长城、战国燕北长城和战国秦长城。战国赵北长城开始修筑于公元前300年，战国燕北长城开始修筑于公元前290年左右，战国秦长城开始修筑于公元前272年。

赵、燕、秦三国均在长城沿线设置边郡，管理长城等边防事务。赵国自东向西设置了代、雁门、云中三郡，燕国自西向东设置了上谷、渔阳、右北平、辽西、辽东五郡，秦国自西向东设置了陇西、北地、上郡三郡。

赵、燕、秦长城的修筑，是三国不断开疆拓土的反映。赵国攻打林胡、楼烦之戎，燕国攻打东胡，秦国攻打义渠之戎。这些戎狄之族或迁徙他方，或为三国收复，或北遁匈奴，它们的土地为三国兼并。在三国长城的内侧，农耕民族不断北上拓荒，逐步形成了自新石器时代之后北方地区第二次农业开发的高峰。三国长城属于内蒙古境内修筑时代最早的长城，是中国早期长城的重要组成部分。

这些早期长城，多在秦汉时期有过加筑沿用，目前可见遗迹并不单纯。汉长城主要由墙体、烽燧、障城三部分组成，但在部分时代单纯的早期长城沿线，烽燧并不常见。由此可见，早期长城的防御体系，并非很完善。

四　秦汉长城

一统中华、前后相继的秦汉王朝，有着相同的帝国形态，在北方地区又面临着共同的统一游牧民族政权——匈奴。因此，作为边疆防御工事，秦汉长城有着传承的因子。

公元前234年，秦国占领了赵国的云中、雁门二郡之后，将其北部边疆扩展至云中郡北部的阴山一线。秦国主要占据了呼和浩特平原，并沿用了赵北长城。秦国管领的云中郡范围，较赵国有所缩小。在阴山地区，秦国的东界约在今呼和浩特平原东北部，西界初步推断在今包头市东河区沙尔沁镇五当沟一带。早年，在五当沟以西的沙尔沁村，可见一道南北向的土长城，连接阴山与黄河，形成一道东西向屏障。这道长城当地群众称作"土龙"，20世纪80年代尚存残迹，底宽约3米，残高约1米，夯层清晰。这道长城，似为当时秦国云中郡的西界长城，为战国秦长城、榆溪塞秦长城向北的延伸部分。

秦统一六国之后，秦始皇三十三年（前214年），修筑了"起临洮，至辽东，延袤万余里"的秦始皇长城；同年，又派大将蒙恬越过阴山，占据北假中，在阳山之上修筑了阳山长城。这样，秦长城可分为两条，一条是秦始皇长城，一条是蒙恬所筑阳山长城。

秦始皇长城，自西向东途径甘肃、宁夏、内蒙古、陕西、山西、河北、辽宁等省区，有的段落沿用了前代长城，有的为新筑。从目前的调查与研究成果来看，秦始皇长城尚难以完全东西贯通起来。在内蒙古境内，只是断断续续有所发现，主要由桌子山秦长城、鄂托克前旗秦长城、新民堡秦长城、岱海—黄旗海秦长城、银子河秦长城等几个段落组成。

秦始皇长城由宁夏沿着贺兰山东麓北上，过北流黄河进入乌海市。桌子山秦长城分布于乌海市和鄂尔多斯市鄂托克旗，对位于北流黄河东岸、呈南北走向的桌子山形成东西两侧包围之势，构成秦朝北地郡的北部边界。从桌子山顺着北流黄河南下，再向东，秦始皇长城绵延于毛乌素沙漠南缘，仍属北地郡管辖，发现于鄂尔多斯市鄂托克前旗的秦长城即为其组成部分。

新民堡秦长城是秦始皇长城在沿用鄂尔多斯战国秦长城、榆溪塞秦长城的基础上，又沿着新占领的河南地南缘向西延伸部分。战国时期，位于鄂尔多斯市达拉特旗的哈什拉川名为榆溪，榆溪两侧、黄河南河以南的沿河冲积平原即名为榆中，为林胡王活动地域。战国晚期，秦国在鄂尔多斯高原不断北进，将林胡驱逐出榆中，傍哈什拉川修筑了一道南北向防御体系，是为榆溪塞。秦始皇长城沿用了榆溪塞秦长城新民堡村以南部分，从新民堡村附近向西，新筑了意图延伸至今乌拉山西山嘴附近的黄河南岸的长城。

在阴山地区，秦始皇长城主要沿用了赵北长城，西起乌拉特前旗乌拉山西山嘴以东、赵北长城西端点，东至今乌兰察布市卓资县卓资山镇附近。这样，新民堡秦长城与赵北长城在乌拉山西山嘴附近衔接，实现了秦始皇长城北过东流黄河后的连续性。秦朝国祚短暂，是否实现了这一连接意图尚未可知。西汉时期，新民堡秦长城成为五原郡、朔方郡与西河郡的分界线，位于新民堡秦长城以北、南流黄河以南的西汉朔方郡东部都尉（治广牧县），依托的防御线可能就是新民堡秦长城，为一种由北向南的防御形态。

秦代的雁门郡、代郡均较赵国向南收缩，从卓资山镇顺着牛角川河河谷地带向南，秦始皇长城出现于岱海东北的山丘上，然后向东延伸，经黄旗海南岸、银子河北岸断续分布。以黄旗海与银子河之间的分水岭为界，以西归属雁门郡管辖，以东归属代郡管辖。

蒙恬所筑阳山长城分布于阴山之北的阳山之上，包括了大青山—色尔腾山等一列山系，东起于呼和浩特市新城区毫沁营镇坡根底村北侧的大青山山顶之上，西止于巴彦淖尔市乌拉特前旗与乌拉特中旗交界处的扎拉格河河口地带，将北假中包围了起来，囊括于秦朝的疆土之内。蒙恬所筑阳山长城为汉代加筑沿用，今天仅在汉长城沿线断续可见部分秦代墙体、亭障遗迹。

秦朝末年，匈奴处于头曼单于时代。据《史记·匈奴列传》记载："十余年而蒙恬死，诸侯畔秦，中国扰乱，诸秦所徙适戍边者皆复去，于是匈奴得宽，复稍度河南，与中国界于故塞。"[1]到西汉初年，匈奴进入莫顿单于时代，同据《史记·匈奴列传》记载："既归，西击走月氏，南并楼烦、白羊河南王。悉复收秦所使蒙恬所夺匈奴地者，与汉关故河南塞，至朝那、肤施，遂侵燕、代。"[2]这里的"故塞"，主要指战国秦长城；"故河南塞"，则包含了战国秦长城、榆溪塞秦长城和新民堡秦长城。

西汉长城的修筑，大体可分为四个时期：第一期为西汉建国至卫青北伐，第二期为卫青北伐至徐自为修筑五原塞外列城，第三期为徐自为修筑五原塞外列城至汉罢外城，第四期为汉罢外城至王莽篡汉。

汉高祖称帝后的次年（前201年），曾下令"缮治河上塞"[3]，应当是修筑"故河南塞"长城、战国赵北长城等，准备抗击匈奴。但紧接着发生了"白登之围"的耻辱，使汉王朝认识到汉、匈双方之间实力对比的悬殊，此后武帝之前的历代皇帝均对匈奴采取和亲等政策，北部防线大体沿用了秦始皇三十三年修筑的秦始皇长城，只是局部稍有变化。在阴山一线，在加筑战国赵北长城墙体的基础上，还新建了当路塞墙体与沿着赵北长城墙体一线的烽燧、障城等设施；在始建于汉高祖十一年（前196年）的定襄郡东侧，沿着蛮汉山修筑了南北向的蛮汉山汉长城。

自汉武帝元朔二年（前127年）开始，西汉王朝开始大规模反击匈奴。大将卫青北伐之后，西汉王朝的西北部疆域不断外扩。在修筑长城方面，西汉王朝

1.《史记》卷110《匈奴列传》，中华书局，1959年，第2887～2888页。

2.《史记》卷110《匈奴列传》，中华书局，1959年，第2889～2890页。

2.《史记》卷8《高祖本纪》，中华书局，1959年，第369页。

首先加筑了北假中北侧、阳山之上的蒙恬所筑阳山长城，形成了云中塞、五原塞，为汉朝云中郡、五原郡的次边长城。从五原塞向西，新筑了位于罕乌拉山—狼山之上的朔方郡长城。元封三年（前108年），在狼山西端修筑了归属西河郡管辖的眩雷塞。从眩雷塞向西南，沿着哈鲁乃山南麓、北麓分布的汉长城仍属西河郡管辖；从哈鲁乃山向西南，分布于亚玛雷克沙漠之中的汉长城归属北地郡管辖。从云中郡沿用战国赵北长城的阴山汉长城向东，在定襄郡东部都尉的辖区之内修筑了九十九泉汉长城；在雁门郡北部，沿着秦长城的分布路线，新修筑了岱海—黄旗海汉长城；在代郡北部，沿着西洋河北岸修筑了西洋河汉长城。

到内蒙古东南部的赤峰—通辽地区，西汉王朝在继续加筑沿用战国燕北长城的基础上，于其北侧新修筑了东西向的汉长城。新筑汉长城往东，通过养畜牧河与大致呈南北走向的库伦旗汉长城相衔接。赤峰—通辽地区的汉长城，在西汉时期归属右北平郡、辽西郡管辖，沿用的战国燕北长城为主边，新筑汉长城为次边，可统称为右北平郡—辽西郡汉长城。

太初三年（前102年），汉武帝派遣光禄勋徐自为修筑五原塞外列城。五原塞外列城既有列城带围绕于阳山长城的外侧，起到护卫五原、朔方二郡的作用，亦有汉外长城北线从五原塞北，向西抵达庐朐山东麓。大约与修筑五原塞外列城同时，继续构筑阳山一线长城向西南方向的延伸，在阿拉善右旗境内，沿着雅布赖山一线修筑了隶属于武威郡管辖的长城防线。同时，派强弩都尉路博德开始修筑位于今阿拉善盟额济纳旗境内的居延泽长城。在汉外长城北线遭受匈奴破坏之后，汉朝为了有效地串联五原塞外列城和居延泽长城，之后又修筑了汉外长城南线与分布于蒙古国境内的汉外长城。五原塞外列城、汉外长城北线、汉外长城南线，统称为光禄塞；光禄塞、蒙古国境内的汉外长城与居延泽长城，合称外城。通过外城的修筑，西汉王朝将匈奴彻底驱逐出漠南地区。西汉对于阴山南北地区的控制，在此时达到了一个鼎盛时期。

公元前68年，在西汉王朝的不断打击之下，匈奴威胁减弱，汉罢外城。

从东向西，西汉保留的位于今内蒙古境内的长城有右北平郡—辽西郡汉长城、西洋河汉长城、岱海—黄旗海汉长城、九十九泉汉长城、蛮汉山汉长城、阴山汉长城、北假中汉长城、阳山长城（东起呼和浩特市新城区坡根底村东侧与赵北长城交汇处、西至雅布赖山）、居延塞长城（包含了居延都尉府、肩水都尉府管辖的亭障，但不包含居延泽长城）等，仍具有完整而严密的防御体系。汉元帝时人侯应，曾谈到汉武帝以来所设长城，"起塞以来百有余年，非皆以土垣也，或因山岩石，木柴僵落，溪谷水门，稍稍平之，卒徒筑治，功费久远，不可胜计"[1]。侯应的这番话，间接地表明了西汉长城的修筑形式是多种多样的。在长城沿线，广置郡县，移民屯垦；军事方面，则形成了"边郡—部都尉—候官—部—燧"的完整边防军事建制（图一）。

经过王莽篡汉的系列动荡，初建的东汉边郡萧条，返回北方郡县的中原移民较西汉时期大幅缩减，无法充实西汉原有郡县。此时，南匈奴、乌桓、羌胡等北方民族趁势南下或内附，布列于原西汉边塞内外，为东汉王朝葆塞。东汉时期，北方长城仍具有分隔胡、汉的作用，但分隔的是归附的胡人。在防御北匈奴方面，东汉王朝则主要以与北方民族的军事联盟政策，一定程度上替代了长城防御体系。

五　汉代之后的长城

汉长城之后，金界壕、明长城亦均属于大规模的军事防御工程，亦均系由多重防御体系构成。但与汉长城的防御线由南向北扩建不同，金界壕、明长城的防御线均由北向南逐步退缩。

其他时代长城，除辽长城外，大多规模较小，防御设施不完善，缺乏系统军事组织。还有一些遗迹不明的长城，也有一些似长城而并非长城的遗迹。

1.《汉书》卷94《匈奴传》，中华书局，1962年，第3804页。

如隋长城，只见历史记载而无考古发现；长城资源调查中认定的鄂尔多斯市准格尔旗北宋丰州烽燧线（图二），严格来讲，只是一个军事信息传递系统，还不能完全和长城画等号。号称“不修长城”的清朝，对部分明长城和关口也作了加固维修。清代的长城作为游牧与农耕、内地与边疆的阻隔作用依然存在，在军事地位下降的同时，长城的民族的、社会的、经济的、文化的分界意义开始凸显出来。

图二

图三

康熙三十一年至三十二年（1692 ~ 1693年），清政府出于平定漠北蒙古喀尔喀部噶尔丹叛乱的需要，于内蒙古设置了五路驿站，分别出长城的喜峰口、古北口、独石口、张家口和杀虎口，并以此五口命名，通往内、外蒙古各盟旗、卡伦。在本次长城调查中，于呼和浩特市南部调查了杀虎口驿站的系列站铺铺墩（图三）。这些站铺，开始设置于同治十年（1871年），是专门为官方服务的邮递机构，负责军政通讯、官吏来往和物资转运，与汉代的塞道具有类似功能，但不宜将其划归长城的范畴之内。

图二
鄂尔多斯市准格尔旗羊市塔2号烽燧
图三
呼和浩特市和林格尔县上土城子头铺铺墩

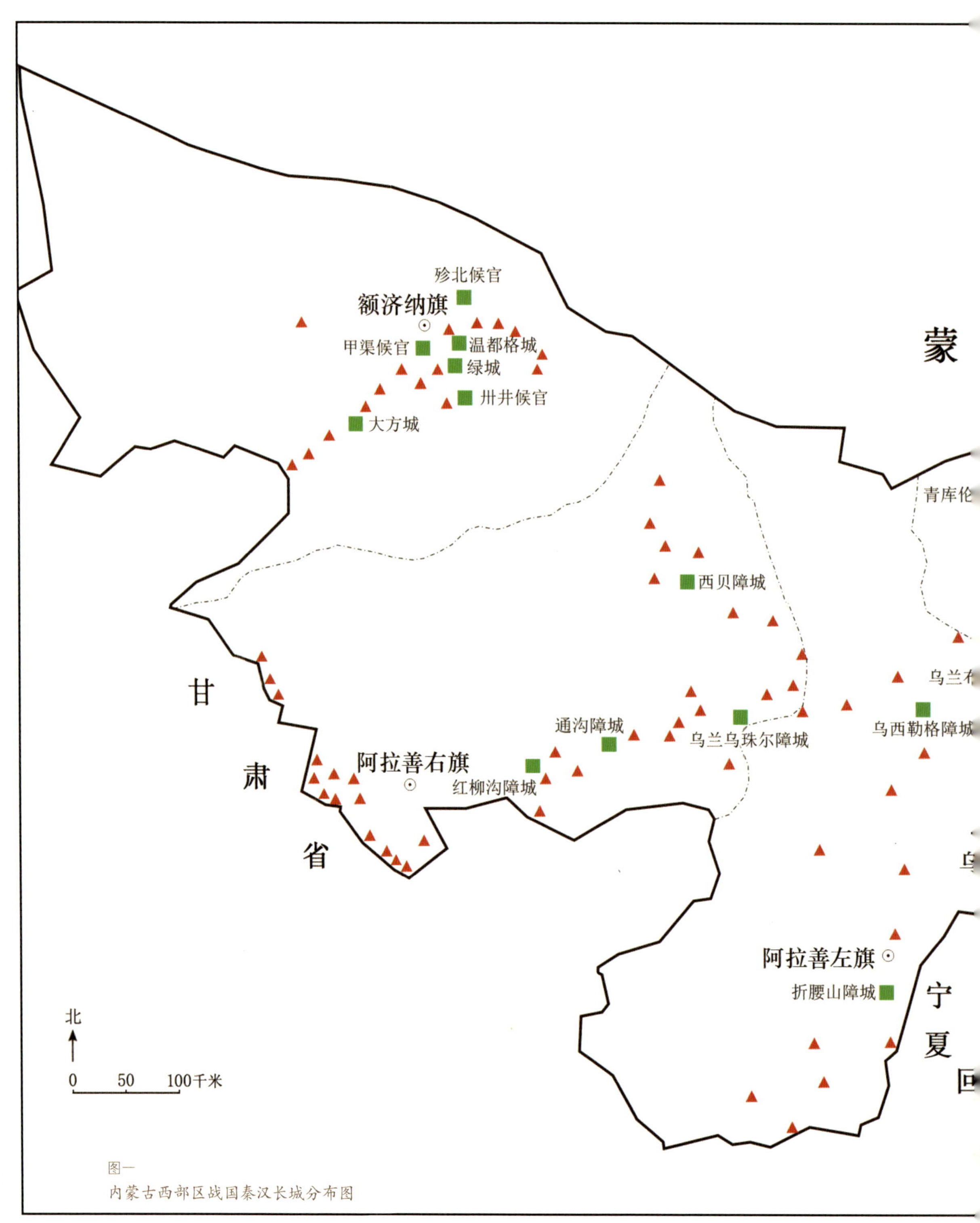

图一

内蒙古西部区战国秦汉长城分布图

古
国
二连浩特市
额和音查干障城
汉外长城北线
白音郭勒古城
汉外长城南线
海力素古城
那日图障城
达尔罕茂明
安联合旗
乌拉特中旗
白云鄂博矿区
阳山长城
特后旗
石兰计障城
五原县
高勒音鄂黑古城
四子王旗
杭锦后旗
黑山寨古城
察哈尔右翼中旗
察哈尔右翼后旗
武川县
九十九泉汉长城
乌拉特前旗
固阳县
乌兰察布市
河
北
省
巴彦淖尔市
昆都仑沟障城
呼和浩特市
公庙沟口障城
包头市
阴山长城
塔利古城
卓资县
黄旗海汉长城
塞音布拉格古城
麻池古城
毕克齐古城
二十家子古城
兴和县
土默特左旗
土默特右旗
黄旗海—岱海秦汉长城
敖楞布拉格古城
达拉特旗
古城村古城
土城子古城
岱海
银子河秦长城
地古城
霍洛柴登古城
新民堡秦长城
托克托县
凉城县
丰镇市
西洋河汉长城
桌子山秦长城
杭锦旗
哈勒正壕古城
和林格尔县
乌仁都西障城
鄂尔多斯市
准格尔旗
拐子上古城
海南区
古城梁古城
省
吉尔庙古城
战国秦长城
榆树壕古城
清水河县
西
水泉古城
纳林古城
山
鄂托克旗
木凯淖障城
伊金霍洛旗
红庆河古城
敖伦淖障城
敖柏淖尔古城
省
西
乌审旗
陕
托克前旗
鄂托克前旗秦长城
大场子古城
区

第三章

战国赵北长城

“启以夏政，疆以戎索”，是晋国在西周受封之初的立国之本。“疆以戎索”一词，既有对待戎狄等民族要因其俗而治的意思，也包含了要向戎狄之地扩展疆土的雄心。晋国三分之后，赵国邻北边，在“战国七雄”之中实力相对较弱。为了富国强兵，抗衡诸雄，公元前307年，赵武灵王在位期间，选择戎狄作为突破口，发动了“胡服骑射”的变革。所谓“胡服骑射”，实质上就是“师夷长技以制夷”，通过学习北方民族的长技，以达到民族融合、增强国力的目的。

当时，在今内蒙古中南部地区活动的部族有林胡、楼烦等，他们均已发展到了游牧阶段。早在晋文公（前636年～前628年在位）时期，这些游牧部族已活动于晋北地区，“而晋北有林胡、楼烦之戎，燕北有东胡、山戎。各分散居溪谷，自有君长，往往而聚者百有余戎，然莫能相一。”[1]到赵武灵王时期，这些游牧部族为了对抗中原国家，逐渐形成大的部落联盟，林胡有林胡王，楼烦有楼烦王。

大约公元前300年前后，赵武灵王北破林胡、楼烦，“筑长城，自代并阴山下，至高阙为塞。而置云中、雁门、代郡。”[2]赵国一举将内蒙古中南部地区纳入其管辖范围，并沿阴山山脉南麓地带修筑了东起今内蒙古自治区乌兰察布市兴和县与河北省尚义县交界处、西至今巴彦淖尔市乌拉特前旗乌拉山西端一带的长城。相对于赵国以前“属阻漳、滏之险”修筑的赵南长城，这道长城一般被称为赵北长城，亦称作赵武灵王长城。

1.《史记》卷110《匈奴列传》，中华书局，1959年，第2883页。

2.《史记》卷110《匈奴列传》，中华书局，1959年，第2885页。

调查发现的战国赵北长城的东端起点，位于今兴和县城关镇脑包窑村东1.8千米处，由此向西北方向延伸，贯穿于乌兰察布市、呼和浩特市、包头市、巴彦淖尔市的阴山山脉南麓地带，西端止于巴彦淖尔市乌拉特前旗白彦花镇张连喜店村北侧、乌拉山大沟沟口东侧400米处的小红石沟。大沟沟口两侧山峰高耸，为赵北长城的西端终点所在（图一）。

历史地理学者唐晓峰先生撰有《河套乌拉山在战国时期的人文地理意义》一文，认为大青山—乌拉山一线为天然的南北分界线，战国时期赵武灵王将长城修筑至乌拉山西端后，乌拉山被赋予了东西两方的分界作用。“西方是狼山下的河套平原，东方是大青山下的呼和浩特、土默特平原。主峰高达2324米的乌拉山成为一道屏障，为东

图一
巴彦淖尔市乌拉特前旗张连喜店村北侧的大沟口（南—北）

图二

图三

西地区各自保持较多的独特性提供了地理条件。”[1]由此理解，赵北长城西“至高阙”，高阙指的应该就是乌拉山。

战国赵北长城墙体在内蒙古境内绵延长达505千米。墙体多为土墙，仅有5千米多长的石墙，还有15千米多的山险与山险墙（图二、三）。近代以来，阴山山前地区农耕发达，城镇、村庄密集，路网纵横，导致赵北长城墙体损毁严重，消失部分达330多千米，占到了整个赵北长城墙体的三分之二。

赵北长城所在的阴山一线，历代均为北方防守之襟要。公元前214年，秦始皇派大将蒙恬修筑了“起临洮至辽东万余里”的万里长城。万里长城在阴山地区沿用了赵北长城，沿用区域西起乌拉山西端，东至今乌兰察布市卓资县卓资山镇附近。西

图二
乌兰察布市兴和县小哈拉沟长城（西南—东北）
图三
呼和浩特市回民区二道营子长城1段（东南—西北）

1. 唐晓峰:《河套与拉山在战国时期的人文地理意义》,《石泉先生九十诞辰纪念文集》，湖北人民出版社，2007年。

汉建国之后，继续沿着阴山一线设防，除对赵北长城墙体做了加筑沿用之外，还在长城沿线修筑了烽燧、障城等设施。汉代沿用的赵北长城，西起乌拉山西端，东至今卓资县旗下营镇西侧的察哈少山。从察哈少山向东北，延伸为九十九泉汉长城。

卓资山镇是赵北长城的一个拐点所在，地理位置较为重要，大黑河的几条支流也在这里汇聚。以卓资山镇为节点，赵北长城顺着灰腾梁南侧的哈达图河谷向东北方向延伸而去，秦始皇万里长城、汉长城顺着大黑河支流牛角川河向南而去。

察哈少山以东的战国赵北长城，并未被汉代沿用，亦极少有秦代遗迹掺杂。尤其是从卓资山镇向东，为单纯的赵北长城遗存。卓资山镇以东的战国赵北长城，沿线不见烽燧，调查的障城可总结出几点规律：其一，均倚赵北长城墙体修筑，障城北墙即利用了长城墙体；其二，相邻障城之间的

图四

图五

图四
乌兰察布市察右前旗十二洲障城（西北—东南）
图五
巴彦淖尔市乌拉特前旗哈日宝力格障城（北—南）

图六

直线距离，大体在5～7千米之间；其三，障城墙体均系土筑，平面形制均大体呈方形或长方形，规模普遍不大，较大障城边长约50米，较小障城边长约30米。按此赵北长城障城的分布规律估算，整个赵北长城沿线分布的战国障城数量约90座。在长城调查中，共调查现存的赵北长城障城42座（图四、五）。

位于卓资山镇西南的城卜子障城，为时代单纯的赵北长城障城，但与其他赵北长城障城稍有差异。城卜子障城位于大黑河南岸的平地之上，扼守卓资山小盆地的西口，大黑河自此向西开始进入灰腾梁与蛮汉山之间的峡谷之中。1995年、2010年，内蒙古自治区文物考古研究所等单位曾两次对该障城进行了局部的清理发掘，明确城内遗存属于时代单纯的战国时期 。障城平面略呈方形，南北长188米，东西宽180米。夯筑城墙，基宽约5.7米，残高约3.5米。南墙中部开门，方向为152° 。出土遗物以陶器为主，器形有盆、碗、罐、瓮、甑等，纹饰多为粗绳纹、弦纹；出土板瓦、筒瓦多饰绳纹、麻点纹，也有弦纹，瓦当有勾云纹、璜纹两种装饰（图六）。1995年的发掘，曾出土一件刻有9个字的陶量

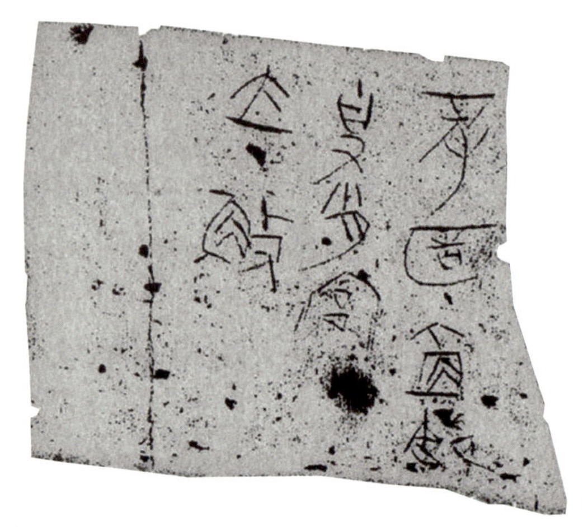

图六
乌兰察布市卓资县城卜子障城出土瓦当
图七
乌兰察布市卓资县城卜子障城出土陶文

残片，有关专家释读为“半斛量，御史赵宫莅校”（图七）[1]。刻文大意为，这件陶量的容量为半斛，御史赵宫莅临校正其容量，认为符合标准，刻文为证，赵宫对这件器物的质量负责。有铭文的赵国度量衡器存世极少，该陶量刻文幸存9个字，相当珍奇罕见，对了解战国时期赵国的度量衡制度有着重要价值。城卜子障城规模较大，出土遗物多，显然是赵北长城防御体系中的军事重镇之一，当为雁门郡管辖长城沿线的一座中心军事性城邑。

察哈少山以东的赵北长城沿线未发现烽燧，察哈少山以西的赵北长城沿线共调查烽燧126座（图八～一〇）。也就是说，时代单纯的赵北长城沿线不见烽燧，而为秦、汉沿

图八
呼和浩特市新城区古路板烽燧（北—南）

图八

1. 董珊：《内蒙古卓资县城卜子古城遗址出土陶文考》，《古代文明研究通讯》总第39期，2008年。

图九

用的赵北长城沿线才见有烽燧。由于秦朝国祚短暂，存留的相关遗迹极少，这些烽燧的时代应以汉代为主，两两相望、东西绵延于阴山山前地区。由此可见，所谓的赵北长城沿线烽燧，绝大部分系汉代烽燧。李牧为赵将守边时，常居代、雁门二郡，“日击数牛飨士，习射骑，谨烽火，多间谍，厚遇战士。”[1] 赵国利用烽火传递军情，但烽燧并非赵国长城沿线的

图一〇

图九
包头市土默特右旗庙湾烽燧（北—南）
图一〇
包头市石拐区大庙烽燧采集陶片

1.《史记》卷81《廉颇蔺相如列传》，中华书局，1959年，第2449页。

图一一
包头市九原区梅力更召障城（东北—西南）

必备配置。

赵北长城沿线的汉代障城，绝大部分为新筑，一般分布于阴山山前沟口地带的台地之上，规模普遍大于赵国障城，较小的障城在障前往往加筑关厢。汉代障城相互间距较远，多在8千米以上。这样，在察哈少山以西的赵北长城沿线，一个沟口地带，往往分布有赵国障城、汉代障城各一座。如在包头市九原区梅力更沟沟口西岸台地之上，有赵北长城呈东西向延伸。在赵北长城之南有梅力更召障城，赵北长城之北有梅力更沟障城，前者为汉长城障城，后者为赵北长城障城，而位于赵北长城墙体外侧则是赵障城的一种特殊形态。

梅力更召障城位于哈业胡同镇梅力更嘎查北约1千米处，南距梅力更召500米，北距赵北长城墙体60米。障城平面呈方形，边长46米。墙体以黄土夯筑而成，底宽11～13米，顶宽2.5～5.5米，残高2～3米，夯层厚8～10厘米。北墙中部外侧修筑有烽燧；南墙中部辟门，宽约10米，方向为173°。障城内散布有少量泥质灰褐陶陶片，纹饰以凹弦纹下施绳纹、弦断绳纹多见，其次是绳纹和素面，可辨器形有宽沿盆、侈口矮领罐和钵等。障城南部地势也较高，现栽植有成排松树，松树坑旁侧挖出汉代的陶片、瓦片等。初步判

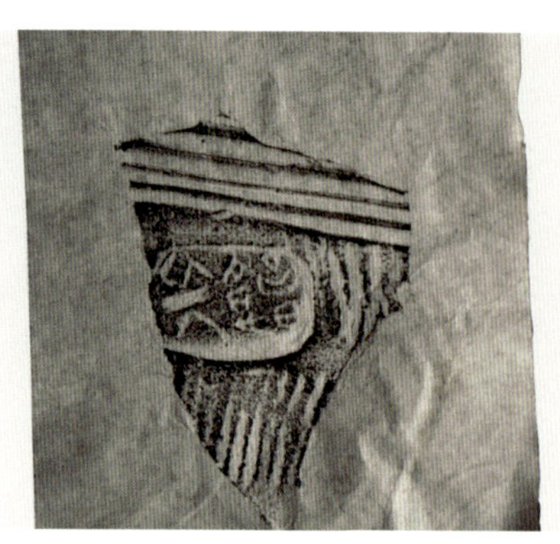

图一二
包头市九原区梅力更沟障城采集“谒长”陶文拓片

断，障城南部有一座与障城东、西两墙相连的关厢，关厢的范围南北长约100米，东西宽约70米（图一一）。

梅力更沟障城位于哈业胡同镇梅力更嘎查北约2千米处，南距赵北长城墙体760米。障城平面呈长方形，东西长40米，南北宽25米。墙体用黄土夯筑而成，于地表呈较为高大的土垄状，底宽4 ~ 7米，顶宽0.5 ~ 1.5米，残高1 ~ 2.5米。南墙中部有一堆高于城墙的石堆，部分石块滚落于南部坡下，应为石砌门址，宽近2米，方向为192°。障城内偏东部有一道南北向土隔墙，其规格较四周障墙为小，地表隆起较明显。障城西北角外侧有凸出墙体的瞭望台。障城内散布有较多陶片，以泥质灰褐陶为主，同时见有夹砂厚壁陶片，纹饰有绳纹、弦断绳纹、交叉绳纹、弦断绳纹、粗绳纹、凹弦纹等，可辨器形有折沿盆、侈口矮领罐、钵和甑等。在一块陶盆残片的外腹壁上发现有长圆形压印戳记，刻有阴文篆书“谒长”二字（图一二）。

战国时期的赵北长城，主要构成是近505千米的长城墙体，加上约90座的障城。经正式考古发掘的城卜子障城，出土遗物较多；城卜子障城往东的其他赵北长城障城，地表散布遗物普遍较少，有的甚至没有遗物。这种现象表明，赵北长城的防御，虽然修筑了长城墙体、障城，体现了一种全面防御的战略；但由于兵力的不足，在实际中采取的却是一种局部防御，将主要军事力量集中于长城沿线的若干较大障城之中。

赵国在赵北长城沿线设置的云中、雁门、代三个边郡，只有云中郡在今内蒙古地区。经考古调查与发掘证实，云中郡旧址为位于今呼和浩特市托克托县古城镇古城村西侧的古城村古城。北魏地理学家郦道元在《水经注》一书中引《虞氏记》，介绍了云中城的修筑经过，云:“赵武侯自五原河曲筑长城，东至阴山。又于河西造大城，一箱崩不就，乃改卜阴山河曲而祷焉。昼见群鹄游于云中，徘徊经日，见大光在其下，武侯曰：此为我乎？乃即于其处筑城，今云中城是也。”[1]这一段文字中，赵武侯即为赵武灵王，文中关于其修建云中城的一些描述，类似于坊间野史，令人难以相信。

“云中”地名的来源，应与关中、汉中、蜀中、黔中、阆中、榆中等古史中常见的古代地名一样，“中”是一个后缀；带有“中”字后缀的地名，往往都是表示某一边界范围不是非常清楚而面积又较为广阔的地理区域。在战国秦汉时期，云中指的正是今天的呼和浩特平原，到北魏时期称作“云中川”。而战国时期大约今天的包头平原，被称作“九原”，亦归云中郡管辖。公元前302年，赵武灵王命吏大夫奴迁于九原。由于“九原”一名屡见于关于赵国拓边的史籍记载中，有时与云中并列，有的学者便认为赵国曾设置九原郡，这样的观点是难以成立的。赵国的疆域范围“西至云中、九原”的记载，应理解为西至云中、九原这两个地方，而不应该径直理解为西至云中郡、九原郡。

云中郡所在的托克托县古城村古城，现存城垣主体为北魏时期修筑，战国时期的形制已无存。古城村古城北邻大黑河，向北约25千米正对大青山抢盘河南谷口，向西约35千米为大黑河汇入黄河的河口处。历史上大黑河东西一线一直是呼和浩特平原的主动脉，大黑河汇入黄河处也是黄河渡口所在，而抢盘河河谷则是沟通大青山南北的一个重要通道，云中郡的选址兼考虑了此三个方面的因素。这一区位优势，为秦汉云中郡（古城村古城）、北魏云中镇（古城村古城）及辽金元云内州（西白塔古城）所继承。

云中郡属于赵国边郡，按照赵国的行政军事管理制度，往往于内地设县，边疆设郡。边郡的职能注重于军事，级别并不比县高，所以边郡之下不辖县。赵国于云中郡之下并未设县，九原之地归属云中郡管辖，但是否建有名为九原

1.《水经注》卷3《河水》，陈桥驿校证本，中华书局，2007年，第78~79页。

的城邑尚无法得知。赵国云中、雁门、代郡管辖各自区域内的赵北长城沿线障城，这些障城的军事建制为何种名称，也难以确定。障城及其所辖烽燧管理的一段边塞长城称作某某塞，是西汉时期的军事建制，并不能够适用于赵国。所以，后文专门讨论的高阙塞，是西汉才有的高阙塞，赵国并不存在高阙塞。

公元前306年，赵武灵王西略胡地，至榆中，林胡王献马。这里的榆中，指今鄂尔多斯高原东北部沿黄平原地区。公元前297年，赵武灵王曾与楼烦王会于西河，并从楼烦王处借兵。西河主要指南流黄河西岸一带。赵国北进阴山，略地是一个目的，更为重要的目的是试图从云中、九原地区南下攻秦。公元前295年，赵国发生沙丘宫变，赵武灵王饿死于沙丘宫。终赵之世，赵国只在南流黄河西岸建立了几个军事据点，并没有实现对榆中、西河的完全控制。

赵国的北进，迫使林胡、楼烦退出云中、九原，或移牧于鄂尔多斯高原、后套平原，或北遁阴山。而部分归附于赵国的胡人骑兵，则直接加入了赵国的对外战争。赵北长城的修筑，将内蒙古中南部地区纳入了中原国家的管辖之中，同时也加速了匈奴、林胡、楼烦等游牧部族的统一化进程。大约公元前250年前后，李牧将兵击匈奴，“李牧多为奇阵，张左右翼击之，大破杀匈奴十余万骑。灭襜褴，破东胡，降林胡，单于奔走。其后十余岁，匈奴不敢近赵边城。”[1]此时，襜褴、林胡已皆为匈奴属部。

通过长城的修筑，赵国有效地抵御了北方游牧部族。但在与秦国的争衡中，自赵武灵王之后，赵国则步步走向失利。公元前260年，秦赵发生长平之战，纸上谈兵的赵国统帅赵括被秦国名将白起击败，赵军伤亡达45万，赵国自此一蹶不振。

自公元前272年开始，秦国通过修筑长城，逐步顺着西河北上。战国末年，秦国从西河、榆中向北、向东出兵，进攻赵国的云中、雁门等地，今内蒙古中南部地区转入了秦国的控制之中。

1.《史记》卷81《廉颇蔺相如列传》，中华书局，1959年，第2450页。

第四章

战国秦长城、榆溪塞秦长城与新民堡秦长城

战国秦长城始筑于战国秦昭襄王时期，亦称作秦昭襄王长城。据《史记·匈奴列传》记载："秦昭王时，义渠戎王与宣太后乱，有二子。宣太后诈而杀义渠王于甘泉，遂起兵伐残义渠。于是秦有陇西、北地、上郡，筑长城以拒胡。"[1]秦灭义渠，事发周赧王四十三年（前272年）。《后汉书·西羌传》对此亦有记载："至王赧四十三年，宣太后诱杀义渠王于甘泉宫，因起兵灭之，始置陇西、北地、上郡焉。"[2]

秦昭襄王讨灭义渠之后，在原义渠之地修筑了长城，长城防御的对象是"胡"，应当是活动于西北地区的西戎和活动于鄂尔多斯高原的林胡、楼烦之戎。

一般调查认为，战国秦长城的西端点在今甘肃省临洮县县城北面15千米处的三十里墩杀王坡，向东经宁夏，再经甘肃、陕西，从陕西向北进入内蒙古自治区鄂尔多斯市。

战国秦长城始筑于秦昭襄王时期，但不是一朝一夕修成的，而是不断向东北方向延伸，与赵国在西河、榆中争衡。战国秦长城修至今鄂尔多斯市，应是在长平之战之后；沿着南流黄河西侧支流的分水岭修筑的一道南北向长城，将原先楼烦王活动的西河囊括于秦朝的疆土之中，其北端终止于黄土丘陵区与沿黄平原之间的东西向分水岭（点素敖包—东胜梁）一线之上。

战国末年，秦国攻占了赵国的云中、雁门二郡，并开始进入榆中。战国秦

1.《史记》卷110《匈奴列传》，中华书局，1959年，第2885页。

2.《后汉书》卷87《西羌传》，中华书局，1965年，第2874页。

长城自此向榆中延伸，顺着哈什拉川北上，过东流黄河，延伸至大青山山前。战国时期、秦代，哈什拉川名为榆溪，与云中的得名类似，榆溪两侧、黄河南河以南的沿河冲积平原即名为榆中，傍榆溪修筑的长城称作榆溪塞。再到汉代，随着鄂尔多斯高原全部纳入西汉版图，黄河南河以南的沿河冲击平原失去其独立的地理意义，这一地区的榆中一名不再存在，而在位于今甘肃省的金城郡之下设有榆中县，该榆中县与战国、秦时期的榆中没有任何关系。《史记·秦始皇本纪》记载，始皇帝三十三年（前214年），“自榆中并河以东，属之阴山，以为三十四县，城河上为塞。”关于“榆中”，《集解》徐广曰：“在金城。”[1]这一注释混淆了战国、秦代榆中与汉代榆中县之间的差异。

秦始皇三十二年（前215年），大将蒙恬率大军三十万，掠取河南地。秦始皇三十三年，蒙恬开始修筑“起临洮至辽东万余里”的“万里长城”。同年，蒙恬又越过阴山、高阙，占据北假中，在阳山之上修筑了长城。秦代的河南地，包括了榆中在内，但又大于榆中，大体指今鄂尔多斯市达拉特旗黑赖沟以东一带的东流黄河南岸的沿黄平原。“秦始皇万里长城”沿用了鄂尔多斯市境内的战国秦长城，在此基础上又从哈什拉川西岸、今达拉特旗新民堡村附近顺着河南地的南缘向西延伸，将新占领的河南地包围了起来。这一道东西向长城，因其东端临近新民堡村，称之为新民堡秦长城。

蒙恬死后，匈奴复又南下，与秦朝界于“故塞”。这里的“故塞”，主要指战国秦长城。西汉初年，西北地区主要以战国秦长城、榆溪塞秦长城、新民堡秦长城与匈奴为界，又称“故河南塞”。高祖称帝后的次年（前201年），曾下令“缮治河上塞”，应该就是修治这些长城，包括战国赵北长城。据《汉书·匈奴传》记载，“武帝即位，明和亲约束，厚遇关市，饶给之。匈奴自单于以下皆亲汉，往来长城下。”[2]这里的长城，也是指以上这些长城。

1.《史记》卷6《秦始皇本纪》，中华书局，1959年，第253页。

2.《汉书》卷94上《匈奴传》，中华书局，1962年，第3765页。

汉武帝元朔二年（前127年），西汉王朝开始大举反击匈奴，大将卫青“按榆溪旧塞，绝梓领，梁北河，讨蒲泥，破符离”[1]，将西汉王朝的西北边界线重新推进到阳山一线，对蒙恬所筑阳山长城进行了修缮利用，同时将阳山长城继续向西延伸，战国秦长城、榆溪塞秦长城、新民堡秦长城自此失去了其边界防御的作用，但仍具有一定的地理分界线意义。西汉时期，鄂尔多斯战国秦长城、榆溪塞秦长城与新民堡秦长城主要在西河郡、五原郡的管辖范围之内，西河郡的县邑分布于战国秦长城内外，而五原郡的县邑则集中于榆溪塞秦长城、新民堡秦长城之内。到东汉时期，北方游牧民族内徙，西河郡范围缩小，退居于战国秦长城以东地区，而战国秦长城以西则成为羌胡等民族的游牧地。这一时期，鄂尔多斯战国秦长城、榆溪塞秦长城、新民堡秦长城及设于朔方郡黄河以南的大城塞，成为东汉政府统一管领之下的农耕民族与游牧民族的分界线。其中，大成本为西汉西河郡属县，东汉西河郡内迁后，唯靠近东流黄河的大成县得以保留，划归于朔方郡管辖之下，更名为大城，并依托该县设置了由北向南防御的大城塞。大城县旧址，在今鄂尔多斯市杭锦旗巴音乌素镇赛音布拉格嘎查附近。赛音布拉格古城大部分湮没于流沙之中，地表仅可见小段城墙，古城南侧可见烽燧。

今天所见鄂尔多斯市战国秦长城，由今陕西省府谷县自南向北进

图一
鄂尔多斯市准格尔旗黄天棉图战国秦长城（东—西）

1.《史记》卷111《卫将军骠骑列传》，中华书局，1959年，第2924页。

图二
鄂尔多斯市达拉特旗敖包梁战国秦长城（东—西）

入鄂尔多斯市伊金霍洛旗，经由准格尔旗，再向东北经达拉特旗，向西至东胜区，可见墙体终止于东胜区塔拉壕镇店圪卜村西南500米处。鄂尔多斯战国秦长城墙体总长度为94千米，其中土墙长17千米，石墙长13千米，山险长39千米，消失部分长25千米（图一、二）。墙体沿线分布的烽燧、障城受破坏严重，大部分已消失无存，在长城调查中仅调查19座烽燧、3座障城，均属于汉代遗存（图三、四）。

2016年春天，内蒙古自治区文物考古研究所于战国秦长城达拉特旗敖包梁长城3段北侧110米处、东胜区辛家梁长城3段北侧150米处，各新发现一座保存较好的障城，分别命名为敖包梁障城、辛家梁障城。两座障城均位于长城墙体北侧的高台地之上，面积大致相同，边长约30米。障城墙体均夯筑而成，宽10～13米，残高1～1.5米，地表散布大量陶片、瓦片等遗物，瓦片为板瓦，瓦背多饰绳纹，瓦腹饰麻点纹、抹断绳纹、绳纹等（图五）。两座障城的时代均为汉代，相互之间的距离约为2.2千米，这也大体反映了战国秦长城沿线汉代障城之间的一个分布距离。

鄂尔多斯市战国秦长城再向西北、向北，为榆溪塞秦长城。榆溪塞秦长城以哈什拉川为水险，不见人工修筑的墙体。沿着哈什拉川向北，直至哈什拉川汇入东流黄河南岸处。过黄河，早年在五当沟以西的包头市东河区沙尔沁村，可见一道南北向的土长城，连接大青山与黄河，形成一道东西向屏障。这道长城当地群众称作“土龙”，20世纪80年代尚存残迹，底宽约3米，残高约1米，夯层清晰。这道长城，似为榆溪塞秦长城过黄河后向北延伸的段落。

从战国秦长城墙体西端点

图三

图四

图五

图三
鄂尔多斯市伊金霍洛旗新庙2号烽燧
图四
鄂尔多斯市准格尔旗黄天棉图7号烽燧（西—东）
图五
鄂尔多斯市东胜区辛家梁障城（西—东）

图六

图七

至哈什拉川注入东流黄河河口处，这一段的哈什拉川水险长达90千米。哈什拉川作为战国秦汉时期的水险长城，具体如何防御，由于未作系统调查，尚难以定论。《汉书·窦田灌韩传》中有“累石为城，树榆为塞”之语，或推测在哈什拉川沿岸种植榆树作为防御体，但这仅是望文生义，缺乏确凿证据。

新民堡秦长城呈直线延伸，东起新民堡村附近的哈什拉川西岸，西至不清，当初修筑的意图或是延伸至乌拉山西山嘴向南的黄河南岸，与赵北长城对东流黄河两岸平原形成合围之势。新民堡秦长城现仅存土墙1.8千米，其余部分均消失于农田开发之中。新民堡长城沿线散布有陶片等遗物，均为泥质灰陶，纹饰多绳纹、抹断绳纹等，具有秦代和西汉早期的特征，可以明确为秦朝始筑、西汉早期沿用的一段长城（图六、七）。

图六
鄂尔多斯市达拉特旗新民堡长城1段墙体被辟为农村秋收场（西—东）
图七
鄂尔多斯市达拉特旗王爱召长城1段（东—西）

张家山汉简《二年律令·秩律》的相关研究成

果显示，西汉吕后二年（前193年），云中郡在黄河以南的辖县有南舆、蔓柏、莫黫、河阴、博陵五县，这五个县均分布于榆溪塞秦长城之内，即大约在点素敖包—东胜梁分水岭以北、哈什拉川以东地区，这也反映出西汉初年对战国秦长城、榆溪塞秦长城的沿用情形。按照张家山汉简《二年律令·秩律》记载的由东向西的顺序，初步推断：南舆县旧址为今准格尔旗十二连城古城；蔓柏县旧址约在今达拉特旗与准格尔旗交界处的呼斯壕赖河下游一带；莫黫县旧址为今达拉特旗王爱召镇哈勒正壕村西北500米处的哈勒正壕古城；河阴县旧址约在新民堡长城东端点附近，此处有新民堡汉代遗址，或即河阴县治所。此外，博陵县在《汉书·地理志》归入西河郡，故址当为位于今达拉特旗树林召镇康家渠村东南的康家渠古城。由此可见，博陵县位于哈什拉川上游至中游的折转处内侧，莫黫县位于哈什拉川东岸，河阴县位于哈什拉川东岸及新民堡长城的东端点附近，西汉早期的榆溪塞长城内侧是有着严密防御的。

上述西汉初年五县，或均沿用自秦县，为秦朝"城河上为塞"时所建之县，归属秦朝新建的九原郡管辖。据《史记·秦始皇本纪》记载，秦始皇三十六年（前211年），"迁北河榆中三万家。"[1]这里的北河，是相对于称作西河的南流黄河而言，泛指东流黄河，并非专指东流黄河中的古代黄河北河。这些移民，应该就是用来充实新占领地区及新建县邑的。

1.《史记》卷6《秦始皇本纪》，中华书局，1959年，第259页。

第五章

秦始皇长城

《史记》记载秦始皇修长城，颇费笔墨，在《秦始皇本纪》《蒙恬列传》《匈奴列传》中均有记述。据《史记·蒙恬列传》，秦始皇三十三年（前214年），大将蒙恬北却匈奴，修筑了“起临洮至辽东万余里”的长城，又“于是渡河，据阳山，逶蛇而北”[1]，在阳山之上另修筑了一条守卫北假中的阳山长城。

秦长城虽号为万里，但秦朝本身修筑长城的时间很短，从秦始皇三十三年（前214年）开始，到秦二世二年（前209年）随着陈胜吴广起义的爆发，长城的修筑工程也就停止了。在短短几年之内，秦长城主要沿用了原来秦、赵、燕三国的旧长城，再就是新筑了一些连接三国长城的线路。所谓“蒙恬所筑阳山长城”，主要指从今呼和浩特市新城区坡根底村东侧起，向西沿着大青山—色尔腾山—罕乌拉山—狼山一系列山系延伸的长城，现今无论学术界还是民间，均称之秦长城。通过长城调查，这道所谓秦长城，只是从坡根底东端点起至乌拉特前旗与乌拉特中旗交界处的扎拉格河河口一带，沿线可见个别秦代修筑的长城墙体、烽燧与障城，其主体均属汉长城。

秦始皇用兵匈奴、修筑长城，历史确有其事，但无奈秦朝国祚短暂，历史上并没有留下宏伟的长城工程。司马迁身处汉武帝时代，受宫刑摧残，无法在《史记》中对当今皇上的穷兵黩武之举加以贬斥，只能借古讽今。历史学者通过研究，发现《史记》之中记载的秦始皇与汉武帝的相似之处很多，包括儒家的胜利、朝色的选择、封禅之举、政权的膨胀以及封地的废止等方面，并

1.《史记》卷88《蒙恬列传》，中华书局，1959年，第2566页。

由此提出“司马迁笔下秦始皇的事迹受到当时汉武帝的影响并作为汉武帝的警示”这样的结论[1]。

相比于秦始皇，汉武帝用兵匈奴、大修长城有过之而无不及，但《史记》之中却绝不见汉代“筑长城”这样的字样，用的多是“缮治河上塞”“复缮故秦时蒙恬所为塞”“筑朔方”“至眩雷为塞”“筑居延”“起塞”等如此这般的表述。西汉“起塞以来百有余年”，通过常年不间断的经营，才真正在北疆地区第一次修筑成型了东西绵延不断的万里长城，很多地区形成了南北并行的数条长城线路。战国燕、赵、秦三国的诸多长城段落为汉朝加筑沿用，所以谈到北方地区的战国秦汉长城，绝大部分均可以认定为汉长城或者为汉代所沿用。以前，考古工作者多将汉长城认定为秦长城，实在是受《史记》误导所致。司马迁的影射史学，可没少让秦始皇为汉武帝背黑锅啊！

目前内蒙古境内可见的所谓秦始皇长城遗迹，有桌子山秦长城、鄂托克前旗秦长城、榆溪塞秦长城、岱海—黄旗海秦长城、银子河秦长城等数条线路。

一　桌子山秦长城

最西部有桌子山秦长城。桌子山属于贺兰山在北流黄河东岸的北端余脉，由大致呈东西排列的两道南北向山脉组成，东面一道为桌子山，西面一道为甘德尔山。桌子山秦长城对桌子山形成包围之势，苏白音沟则起到沟通山体东、西两侧的作用，从而构成秦朝北地郡的北部边界。

桌子山秦长城分布于乌海市和鄂尔多斯市鄂托克旗，分为南北向的凤凰岭秦长城、东西向的苏白音沟秦长城和呈半环状的巴音温都尔山秦长城三部分。桌子山秦长城墙体总长度为95千米，墙体沿线调查烽燧10座、障

1.（德国）傅敏怡著，孙维国译《司马迁〈史记〉之秦始皇与汉武》，《湖南大学学报》2009年第2期。

图一

图二

图一
乌海市海南区西桌子山长城2段（南—北）
图二
鄂尔多斯市鄂托克旗乌仁都西长城3段（东—西）

城2座。桌子山秦长城绝大部分系石墙，墙体普遍窄小低矮，基宽多在1.1～1.3米，高多不足1米（图一、二）。烽燧为馒头形土包或石包状，原初形制不辨（图三）。2座障城中，乌仁都西障城保存较好，为长方形石砌障城（图四）。

图三

图四

二 鄂托克前旗秦长城

鄂托克前旗秦长城地处毛乌素沙漠南缘，大致呈东西走向穿过鄂托克前旗东南部，东、西均可与宁夏境内的长城墙体相衔接。在鄂托克前旗，秦长城墙体起自上海庙镇特布德嘎查四十堡小队东南3.1千米处，止于特布德嘎查十三里套小队西1.4千米处，由东向西分布于上海庙镇特布德嘎查四十堡小队、宝日岱小队和十三里套小队，南距明长城二道边与头道边50～300米。调查墙体总长

图三
乌海市海南区拉僧庙烽燧（东—西）
图四
鄂尔多斯市鄂托克旗乌仁都西障城航拍图

图五

图五
鄂尔多斯市鄂托克前旗四十堡长城3段（东—西）

12千米，其中土墙长7千米，消失段落长5千米。

墙体或为黄沙土夹杂小石粒堆筑，或为灰白色泥土堆筑，呈泛白色或泛红色的土垄状，遗迹不明显。部分墙体上长满杂草；有的墙体两侧野草茂盛，而墙体上不长草，呈泛白色的鱼脊状凸起。保存较好的部分段落墙体，底宽3～6米，顶宽1～3米，残存最高处可达3米（图五）。

关于这条土垄长城，此前宁夏文物考古研究所等单位曾对分布于宁夏回族自治区盐池县、灵武市境内的部分地段开展过一些考古调查与发掘工作，认为是隋长城[1]。按照宁夏的调查成果，可见长城墙体内侧分布有土堆形烽燧，烽燧间距约1.4千米。

史料方面，宁夏的调查与发掘报告提到了《隋书》《资治通鉴》的记载。《隋书·崔仲方传》记载：隋文帝开皇五年（585年），命崔仲方"令发丁三万，于朔方、灵武筑长城，东至黄河，西拒绥州，南至勃出岭，绵亘七百里。"[2]《资治通鉴·陈纪十·长城公下》"至德三年（585年）年末"条记载："隋主使司农少卿崔仲方发丁三万，于朔方灵武筑长城，东距河，西至绥州，绵历七百里，

1. 宁夏文物考古研究所、盐池县博物馆：《宁夏盐池县古长城调查与试掘》，《考古与文物》2000年第3期；宁夏文物考古研究所、内蒙古鄂托克前旗文化局、灵武市文物管理所：《宁夏灵武市古长城调查与试掘》，《考古与文物》2006年第2期。

2.《隋书》卷60《崔仲方传》，中华书局，1973年，第1448页。

以遏胡寇。”[1]宁夏的调查与发掘报告认为，这两条史料在描述隋长城东、西起止点时方向均有误，应为“西至黄河，东拒绥州”或者“西距河，东至绥州”，即西起灵武（今宁夏灵武西南）的北流黄河东岸，东至绥州（隋大业三年改为雕阴郡，今陕西绥德），这样就与这条长城的走向吻合了。

检读宁夏的所谓隋长城调查与发掘报告，实际上并没有发现确切的证实这条土质长城为隋代的遗迹和遗物。而且史料学上的证据，也是强行篡改、加以附会的。在本次长城调查中，没有在该道长城沿线发现相关遗物。因此，关于该道长城为隋长城的说法，存在的疑点很多。从该道长城的分布与走向来看，向西可抵达北流黄河东岸一直与桌子山秦长城相衔接，向东可与战国秦长城相衔接，其性质应与桌子山秦长城相同，为秦朝在北地郡北侧修筑的一条防御线。

鄂托克前旗秦长城向东，与战国秦长城连接了起来。

三 岱海 — 黄旗海秦长城

在阴山地区，秦长城沿用了战国赵北长城，至今乌兰察布市卓资县卓资山镇附近，秦长城沿着大黑河支流牛角川河河谷向南而去，绵延于岱海至黄旗海之间。后经黄旗海南岸进入兴和县银子河流域，断续分布于银子河北岸的山地丘陵之上，形成银子河秦长城。

到汉代，岱海 — 黄旗海汉长城与岱海 — 黄旗海秦长城并行分布，从而形成了岱海 — 黄旗海秦汉长城。汉长城行至黄旗海西南，绕着黄旗海转了一圈，将黄旗海包围了起来，东南端点终止于黄旗海东南的孤山。过黄旗海，汉长城未修筑于银子河北岸，而是向南退缩，分布于西洋河北岸，形成西洋河汉长城。

1.（宋）司马光编著《资治通鉴》卷176《陈纪十·长城公下》，上海古籍出版社，1987年，第1167页。

图六
乌兰察布市察右前旗黑沟长城3段(西南—东北)

岱海至黄旗海之间的秦汉长城墙体并行分布，汉长城墙体南侧紧邻的副墙，应即秦长城墙体。经调查，可见的秦长城墙体长13.524千米，沿线调查同时期烽燧5座、障城7座。

与岱海—黄旗海汉长城相比，岱海—黄旗海秦长城的特点可归结为以下几点：其一，石砌的汉长城墙体基宽约3.3米，而表述为副墙的石砌秦长城墙体基宽约2.2米(图六)；其二，秦长城墙体并非连续性分布，主要在通道或山梁顶部等地域选择性修建，现存墙体较低矮，断断续续，时隐时现，整体保存状况较差；其三，秦长城烽燧主要建筑于墙体之上，多为土石混筑，平面呈椭圆形，地表散布遗物较少；其四，秦长城障城均倚长城墙体外侧而筑，一面墙利用了长城墙体，墙体多为石筑，平面呈正方形或长方形，边长通常约15米；其五，秦长城墙体、烽燧、障城周边分布有少量的陶片，陶器器形以罐、盆为主，纹饰多见有细绳纹、弦断绳纹、附加绳纹等，不见板瓦、筒瓦。

岱海—黄旗海汉长城，从牛角川河河谷西岸山丘之上的槽碾沟烽燧，至黄旗海东南的孤山，墙体主要分布于岱海东北岸至黄旗海西岸之间，黄旗海北岸亦有部分墙体分布；其他无墙体之处，以连续的烽燧、障城连接了起来。共调查汉长城墙体长57.7千米，另有烽燧35座、障城6座、坞1座，总的绵延长度近130千米。

图七

黑沟2号障城为岱海—黄旗海汉长城沿线一座典型的汉代障城。障城位于察右前旗土贵乌拉镇黑沟村南100米，地处黑沟河谷西岸的半山腰上。障城平面略呈正方形，因修路对障城东侧及南侧墙体破坏严重，残存墙体东西长35米，南北长30米。障城西墙中部筑有一座烽燧，呈圆形土堆状，直径20米，残高3～5米。障城内及烽燧墩台周围散落有大量的陶制建筑构件，有板瓦、筒瓦、卷云纹瓦当等（图七），陶器以罐、盆为主，另有少量的铁农具及铁锅残片等（图八）。

图八

图七
黑沟2号障城采集卷云纹瓦当
图八
黑沟2号障城采集铁锸

秦汉时期，岱海—黄旗海秦汉长城均归属雁门郡管辖。西汉一朝，雁门郡西部都尉治沃阳（今凉城县双古城古城），东部都尉治平城（在今山西大同市市区一带），岱海—黄旗海汉长城归属雁门郡东部都尉、西部都尉管领，二者管领的分界点在丰镇市三义泉镇杏成园村东侧山梁顶部一带，这个山梁也是岱海内流河与黄旗海内流河的分水岭。

四　银子河秦长城

银子河秦长城分布于内蒙古自治区兴和县、河北省尚义县银子河北侧的山峦之上，从兴和县进入尚义县后，由下马圈乡常胜湾村附近下梁，向东南过银子河，墙体出现于银子河南侧的山丘之上，向东延伸而去。

在兴和县境内，银子河秦长城共调查石墙2段、烽燧9座、古城1座。烽燧均位于银子河北岸

图九
乌兰察布市兴和县陶卜窑烽燧
（西南—东北）

图一〇
大同窑古城采集涡纹半瓦当

的山丘顶部（图九），两侧有长城墙体分布，但这些墙体的分布呈断续状态，东西不能完全串连起来。兴和县境内银子河秦长城烽燧线的绵延距离约30千米。石墙总长470米，其中保存一般的部分长185米，保存较差部分长285米。

银子河秦长城西段，分布有大同窑古城，位于大同窑乡大同窑村内，处于低山丘陵间的平缓地带，银子河的一条支流在古城西侧由南向北流过。古城现为村庄占用，仅于村庄东南部保留有部分南墙的墙体遗迹。南墙断续可见，现存长240米；墙体由黄土夯筑而成，底宽1.5米，残高3～4米，夯层薄厚不均，最厚者可达30厘米。东墙、北墙、西墙均已为村庄及周边的耕地破坏，仅可大体分辨其原始走向，东墙长260米，西墙长270米，北墙长240米。调查中，于城内一条水冲沟的断壁上发现大量陶器、砖瓦残片，陶器可辨器形有釜、瓮、罐、盆等，纹饰多为绳纹，板瓦多为内腹饰菱格纹、外壁饰绳纹者，采集1件完整的涡纹半瓦当。涡纹半瓦当当面底部直径16厘米，半直径8厘米，边轮宽0.7厘米；当面正中下部饰凸弦纹半周，内饰五个小乳钉；正中饰羊角形涡纹，左、右下部各饰一个涡纹（图一〇）。

以前的调查认为大同窑古城为赵国代郡延陵县治所[1]是缺乏依据的。大同窑古城地处银子河河谷通往西洋河河谷、黄旗海的三岔路口，地理位置十分重要，应是银子河秦长城沿线、归属秦朝代郡管辖的一座重要军事性城邑。

1. 李逸友：《中国北方长城考述》，《内蒙古文物考古》2001年第1期。

第六章

黄旗海与孤山

黄旗海在汉代名为叁合，魏晋北朝时期称作叁合陂。

黄旗海三面环山的地形，非常有利于局部防御的开展（图一）。自秦汉以来，黄旗海成为中原农耕民族与北方游牧民族的天然分界线。秦汉王朝均未继续利用黄旗海盆地北端的赵武灵王长城，而是将长城防线收缩至黄旗海地区。

但是，黄旗海作为水域，其阻隔性远远弱于绵延高峻的大山，所以在北方民族势力强盛的时期，首选这一区域作为进军中原的突破口。黄旗海东岸，是一条重要的南北向通道。黄旗海东南岸的孤山，可见多个时期的考古遗存，也

图一

是岱海—黄旗海秦汉长城的东端控制点所在。

图二

孤山位于乌兰察布市察右前旗乌拉哈乌拉乡乡政府所在地东侧约1千米处，蒙古语名为“乌拉哈乌拉”，意为“像靴子底一样的山”（图二）。孤山西临黄旗海，向东远望岱青山，南北两侧为平坦的川地。孤山形似靴子底，西端最高，向东侧逐渐倾斜。西端最高顶上有一座现代敖包，敖包西侧可见石砌基础，石砌基础周边散布有陶片、瓦片等遗物，陶片多为装饰绳纹的泥质灰陶片，瓦片多为瓦背饰抹断绳纹、瓦腹饰菱形格纹的板瓦，具有明显的汉代特征。由此推断，此处应为一座汉代烽燧所在，砌筑墩台的石块被现代人垒砌了敖包（图三）。敖包东侧的山脊之上，有依东、南两侧山脊而筑的长城墙体，绝大部分为石砌墙体，只有南侧山脊墙体临近山脚地段为土墙。山脚地段有一条现代修筑的环绕孤山的战壕，从山脊延伸下来的墙体均终止于战壕边缘。东侧山脊墙体长470米，后小段向东北方向延伸出一条支

图一
2015年春季黄旗海远眺，仅存一线水域（西—东）
图二
孤山远景（南—北）

图三

线，长270米（图四）。南侧山脊墙体长490米，其中土墙长70米。现存石墙呈低矮的石垄状，底宽1～3米，顶宽0.5～2米，残高0.2～0.4米；土墙较石墙更显低缓，远望方可看到隆起于地表的痕迹（图五）。

孤山山前为一片广阔的平川地，当地人俗称作万亩滩。万亩滩之上，有大体呈由东向西而流的青水河，西北注入黄旗海。青水河北岸，零星散落有汉代、北魏、辽金元等多个时期的陶片等遗物。青水河南岸，可见东西分布的两处汉代遗迹。西侧遗迹为一座土筑方形障城，命名为乌拉哈乌拉障城。障城北临青水河，再向北距孤山山脚约800米。障城墙体已不太明显，整体于地表呈一个四周高、中间低的台基状，边长约80米，高0.5～0.8米，南墙似有门址。东侧遗迹位于障城东约300米处，北临河岸，为一个夯土台基，河岸局部可见夯层，厚15～20厘米。现存台基呈方形，边长30米，残高0.5～1米。两个遗迹之上均散落大量汉代筒瓦、板瓦和陶片等遗物。东侧台基再

图三
乌拉哈乌拉敖包与烽燧残迹
（西—东）

向东，为一处规模较大的元代遗址，地表散布较多陶、瓷片。

从孤山顺着黄旗海东岸向北，在黄旗海北岸，早期可见一道长21.5千米的土筑长城墙体，为黄旗海汉长城。近些年来，黄旗海水域不断缩小，黄旗海周边农耕开发过渡，黄旗海汉长城绝大部分遭破坏无存，仅于察右前旗巴音塔拉镇牛明村西北可见一段长875米的土筑墙体。现存墙体较为高大，底宽5～7米，顶宽1.5～2米，残高1.5～2米（图六）。当然，这段墙体也岌岌可危，墙体南侧现为一座采沙场，随时对墙体构成损毁危险。由墙体西端向南，在黄旗海西岸分布有一系列烽燧，烽燧线再向西可与黄旗海支流呼和乌素河北岸的岱海—黄旗海秦汉长城相衔接。

汉朝在黄旗海北岸修筑长城防御匈奴，应是发生在汉武帝派大将卫青等大举反击匈奴以后的事情。西汉初立，匈奴冒顿单于盘踞于代谷，即黄旗海以南

图四

图五

图四
孤山汉代当路塞东侧山脊墙体（西南—东北）
图五
孤山汉代当路塞南侧山脊墙体（西北—东南）

图六

图六

黄旗海北岸长城墙体（西北—东南）

的洋河谷地。公元前200年，冒顿单于围汉高祖刘邦于白登山（今山西省大同市东北马铺山），迫使汉朝与匈奴签订密约。此后，匈奴退出代谷，黄旗海地区成为汉匈双方的一个缓冲地带。匈奴凭借强大的军事力量，对汉朝形成威吓，双方不时发生一些小规模的军事冲突。据《汉书·魏豹田儋韩王信传》记载，汉高祖十一年（前196年）春天，投降匈奴的韩王信带领匈奴人入居叁合，西汉将军柴武斩杀韩王信于叁合[1]。

据《史记》《汉书》记载，汉景帝时期、汉武帝前期，匈奴数次“入雁门”，应当就是从黄旗海一线向南攻略雁门郡边地。当然，此时汉王朝以忍辱退让为主，多赠匈奴子女金帛。2010年，在黄旗海之北的白家湾村出土32件西汉早期的匈奴金器，有虎咬鹰金牌饰、兽咬马金牌饰、金项圈等重器（图七、八），显然属于匈奴王族用品[2]。但这些金器的铸造却是中原工艺，似为西汉官府专为匈奴而制作的通贡之物，通过黄旗海进入匈奴。汉文帝时，曾赠送匈奴单于“服绣袷绮衣、绣袷长襦、锦袷袍各一，比余一，黄金饰具带一，黄金胥纰一，绣十匹，锦三十匹，赤绨、绿缯各四十匹，”[3]其中，比余、黄金饰具带、黄金

1.《汉书》卷33《魏豹田儋韩王信传》，中华书局，1962年，第1855页。

2.内蒙古自治区文物考古研究所、乌兰察布市博物馆：《察右前旗白家湾金器窖藏发掘简报》，《草原文物》2011年第1期。

3.《史记》卷110《匈奴列传》，中华书局，1959年，第2879页。

图七
白家湾出土匈奴金牌饰
图八
白家湾出土匈奴金牌饰

图七

胥纰，就是此类的黄金饰品。

汉武帝时期，随着汉朝军事实力的不断增强，开始有了与匈奴决战的打算。据《汉书·武帝纪》记载，汉武帝元光二年（前133年）“春，诏问公卿曰：‘朕饰子女以配单于，金币文绣赂之甚厚，单于待命加嫚，侵盗亡已。边境被害，朕甚闵之。今欲举兵攻之，何如？’大行王恢建议宜击。夏六月，御史大夫韩安国为护军将军，卫尉李广为骁骑将军，太仆公孙贺为轻车将军，大行王恢为将屯将军，太中大夫李息为材官将军，将三十万众屯马邑谷中，诱致单于，欲袭击之。单于入塞，觉之，走出。六月，军罢。将军王恢坐首谋不进，下狱死。”[1]这就是历史上有名的“马邑之谋”。

图八

马邑为西汉雁门郡属邑，故城在今山西省朔州市朔城区；马邑北部有武州塞，故址在今山西省左云县云兴镇古城村北 。马邑之谋中，匈奴军臣单于亲率10万大军进入武州塞，再向前的话，就将陷入汉朝设置于马邑谷的包围圈之中。在马邑设围的同时，汉朝的3万多军队从代郡出兵，准备从侧翼袭击匈奴的辎重并断其退路。由以上记载大略可知，马邑之谋中匈奴南下武州塞，走的是黄

1.《汉书》卷6《武帝纪》，中华书局，1962年，第162～163页。

旗海一线。黄旗海以东为汉朝代郡辖区，如果匈奴从其他线路进入武州塞的话，汉朝就不会有从代郡出兵抄袭匈奴后路的想法。

马邑之谋虽然伏击匈奴的计划失败，但开启了汉王朝大举反击匈奴的序幕。此后，在汉朝持续的军事打击之下，匈奴王庭由东向西不断迁徙，整个西汉中晚期，汉朝防御匈奴的重点集中于五原郡以西一带，云中郡及其以东各郡进入相对和平时期。所以，西汉雁门郡、定襄郡的汉长城，均为单线防御，没有五原郡以西的汉长城那么复杂。此时，黄旗海成为雁门郡边塞，围绕黄旗海修筑了长城防线，黄旗海东侧的孤山一线通道成为雁门郡东部都尉出塞的塞道，乌拉哈乌拉障城为塞道候官治所。

真正让黄旗海出名的，是发生于395年的魏燕叁合陂之战。《魏书·徒何慕容廆传》对战争过程的描述细致入微，《魏书·太祖纪》则重在记述战争的具体发生日期："冬十月辛未，宝烧船夜遁。十一月己卯，帝进军济河。乙酉夕，至叁合陂。丙戌，大破之。"[1]叁合陂之战的作战地在"蟠羊山南水上"，蟠羊山即孤山。在黄旗海东侧的南北向通道上，孤山是必经之地。由孤山向南、向北、向东、向东北，皆为通道。向南经丰镇市，可至今山西省大同市，即北魏都城平城所在。向北可至集宁区，即叁合陂北；由集宁区向北穿越灰腾梁进入漠南草原，由集宁区向西通往呼和浩特平原。向东经岱青山南侧的山间道路，可至兴和县东洋河上游银子河流域，即北魏长川之地，东洋河当时称于延水；向东南可至西洋河谷地，再向东进入所谓"代谷"。向东北，从岱青山北侧的低山丘陵之间，亦可进入长川；岱青山及其北侧的这一列南北向低山丘陵，北魏时期称作石漠。

"蟠羊山南水上"的水，指东南—西北向注入黄旗海的青水河。孤山南侧广阔的万亩滩，提供了适合大规模作战的场地。20世纪60年代，依托孤山仍建有战壕等军事设施，可见其军事地理位置之重要。据当地老乡讲，在以前的生产活动中，曾于万亩滩之上挖掘出好多人头骨，或许即为叁合陂之战的死者遗骨。

1.《魏书》卷2《太祖纪》，中华书局，1974年，第43页。

第七章

北假中与五原塞

内蒙古中西部地区的阴山山脉，是战国秦汉时期长城防御的重要依托。整个阴山山脉，东起今内蒙古自治区乌兰察布市兴和县与河北省张家口市尚义县的交界处，西至内蒙古自治区阿拉善盟阿拉善右旗与甘肃省张掖市山丹县的交界处，东西横亘绵延。最晚到秦代，已经产生将阴山山脉分作阴山、阳山两个山系的观念，河南者为阴，河北者为阳。相对于当时河套地区的黄河主河道——北河，阴山在北河以南，阳山在北河以北。从阴山山脉东端点至乌拉山西端一线为阴山，从今呼和浩特市新城区坡根底村附近大青山山顶处至阴山山脉西端点一线为阳山。历史地理学者辛德勇先生，将阴山称作大青山—乌拉前山山系，将阳山称作大青山—乌拉后山山系[1]。乌拉前山即乌拉山，而乌拉后山则从东到西还可分为多个小的山系，包括大青山、色尔腾山、查石太山、罕乌拉山、小狼山、大狼山、哈鲁乃山、雅布赖山等。

一　阴山山脉中西部汉长城的分布

在阴山山脉及其以北的漠南草原之上，经实地调查，主要可见东西向分布的四道汉长城，由南向北依次为阴山汉长城、阳山汉长城、汉外长城南线、汉外长城北线。结合史料记载，可知以上四道长城的修筑，代表了西汉王朝

1. 辛德勇：《阴山高阙与阳山高阙辨析——并论秦始皇万里长城西段走向以及长城之起源诸问题》，《文史》2005年第3辑。

西北边疆发展变迁的四个阶段：第一阶段为西汉建国至卫青北伐，第二阶段为卫青北伐至徐自为修筑五原塞外列城，第三阶段为徐自为修筑五原塞外列城至汉罢外城，第四阶段为汉罢外城至王莽篡汉。

第一阶段西汉建国至卫青北伐时期，匈奴强而汉朝弱，在阴山地区，汉王朝加筑沿用战国赵北长城，形成了阴山汉长城。阴山汉长城东起今乌兰察布市卓资县旗下营镇西侧的察哈少山，西至乌拉山西端西山嘴，为云中郡辖区。

第二阶段卫青北伐至徐自为修筑五原塞外列城时期，自汉武帝元朔二年（前127年）开始，汉朝大举北伐匈奴，将汉朝的疆域扩展至阳山，修缮了秦代蒙恬所筑阳山长城，并沿着这道长城向西，新筑了朔方郡长城。此后，顺着阳山一线向西，又新筑了西河郡长城、北地郡长城等。

第三阶段徐自为修筑五原塞外列城至汉罢外城，起始年代为汉武帝太初三年（前102年），汉武帝派遣光禄勋徐自为修筑五原塞外列城。五原塞外列城既有列城带围绕于阳山长城的外侧，起到护卫五原、朔方二郡的作用，亦有汉外长城北线从今大青山北麓起，向西抵达汉代涿邪山（今阿拉善盟北部与蒙古国交界处山脉）东麓。大约与修筑五原塞外列城同时，继续构筑阳山一线长城向西南方向的延伸，在阿拉善右旗境内，沿着雅布赖山一线修筑了隶属于武威郡管辖的长城防线。同时，派强弩都尉路博德开始修筑位于今阿拉善盟额济纳旗境内的居延泽长城。在汉外长城北线遭匈奴破坏之后，汉朝为了有效地串联五原塞外列城与居延泽长城，之后又修筑了汉外长城南线与分布于今天蒙古国境内的汉外长城，将匈奴彻底驱逐出漠南地区。

第四阶段汉罢外城至王莽篡汉，起始年代为汉宣帝地节二年（前68年），在西汉王朝的不断打击之下，匈奴威胁减弱，汉罢外城，主要是罢省了五原塞外列城、汉外长城北线、汉外长城南线、居延泽长城与蒙古国境内的汉外长城，汉朝西北边疆防线退至阳山汉长城一线。这种状况一直维持至公元8年王莽篡汉。

从以上四个阶段的西汉西北边疆的长城修筑情况来看，阴山汉长城使用时间最长，包含了整个西汉时期；阳山汉长城次之，于二、三、四三个阶段使用；汉外长城北线、南线仅使用于第三阶段。

阴山汉长城在第一阶段归属云中郡管辖，从第二阶段开始自东向西分别归属云中郡（治云中县，旧址为今呼和浩特市托克托县古城村古城）、五原郡（治九原县，旧址为今包头市九原区麻池古城）管辖，这种情形一直维持至西汉末年。西汉王朝边郡的军事管理体系，自上而下包括郡太守、部都尉、候官、部、燧五级建制。云中郡、五原郡在郡太守之下，分别设置有东、中、西三个部都尉；云中郡东部都尉（治陶林县，旧址为今呼和浩特市新城区塔利古城）、中部都尉（治北舆县，旧址为今呼和浩特市土默特左旗毕克齐古城）与五原郡东部都尉（治稒阳县，旧址为今包头市土默特右旗大城西古城）、中部都尉（治原高城，旧址为今包头市九原区哈德门沟古城）、西部都尉（治田辟城，旧址为今巴彦淖尔市乌拉特前旗公庙沟口障城），自东向西驻守于阴山汉长城沿线的县城或障城之中，管辖设置于长城沿线的候官、部、燧等。只有云中郡西部都尉驻守于桢陵县（今呼和浩特市清水河县拐子上古城），管辖南流黄河东岸一线的军事防御。整个西汉时期，阴山汉长城为云中郡、五原郡的主防线。

从五原郡向西进入后套平原，为汉代朔方郡辖区。位于后套平原北部阳山之上的汉长城，大体东起今乌拉特前旗与乌拉特中旗交界处的扎拉格河，西至磴口县与阿拉善左旗交界处的查斯沟，为朔方郡的长城主防线，开始修筑于西汉元朔二年（前127年）。

那么，从扎拉格河向东直至今呼和浩特市新城区坡根底村东侧的阴山长城，西汉时期归属什么郡管辖呢？从分布区域上来看，这一段长城自东向西分别归属云中郡、五原郡管辖，但并非二郡的主防线，史籍记载，称其为云中塞、五原塞。而五原塞外列城与汉外长城南线、北线则通称为光禄塞。云中塞、五原塞、光禄塞，应是与阴山汉长城主防线有所差异的一种军事管理体制。

二 汉代五原塞的军事管理体制

据《汉书·地理志》，西汉云中郡辖11县，五原郡辖16县[1]。这些县治，结合《水经注》等的记载考证，除五原郡河目县位于黄河北河南流段（今堰塞为乌梁素海）东岸附近之外，其他均位于阴山汉长城之南。也就是说，阴山汉长城之北至云中郡、五原郡管辖的阳山汉长城之间的这一片区域，西汉绝大部分并未设县管理。这一未设县的区域，大致以马鞍山为界，以东为云中郡辖区，以西为五原郡辖区，相关史料分别称作云中塞、五原塞。

关于云中塞的记载，仅于《汉书》中见有一条。《汉书·匈奴传》记载，王莽始建国二年（10年），"莽于是大分匈奴为十五单于，遣中郎将蔺苞、副校尉戴级将兵万骑，多赍珍宝至云中塞下，招诱呼韩邪单于诸子，欲以次拜之。"[2]而关于五原塞的记载，《史记》《汉书》《后汉书》中均有见到。《史记》《汉书》对五原塞的记载，集中于两件事情，一件是太初三年（前102年）汉武帝派遣光禄勋徐自为出五原塞修筑五原塞外列城，另一件是甘露二年（前52年）南匈奴呼韩邪单于款五原塞。

《史记·匈奴列传》记载：太初三年（前102年），"呴犁湖单于立，汉使光禄徐自为出五原塞数百里，远者千余里，筑城障列亭至庐朐，而使游击将军韩说、长平侯卫伉屯其旁，使强弩都尉路博德筑居延泽上。"[3]

《汉书·武帝纪》记载：太初三年，"遣光禄勋徐自为筑五原塞外列城，游

1.《汉书》卷28《地理志》，中华书局，1962年，第1619～1620页。

2.《汉书》卷94《匈奴传》，中华书局，1962年，第3823页。

3.《史记》卷110《匈奴列传》，中华书局，1962年，第2916页。

击将军韩说将兵屯之。强弩都尉路博德筑居延。”[1]

《汉书·宣帝纪》记载：甘露二年（前52年），“匈奴呼韩邪单于款五原塞，愿奉国珍朝三年正月。”[2]

通过分析以上史料，大体可知，五原塞是一个区域，这个区域位于阴山汉长城以北、阳山汉长城以南、马鞍山以西、黄河北河南流段以东；此一区域之北的阳山汉长城，构成五原塞的边防线。阳山汉长城与阴山汉长城一样，也是由长城墙体、烽燧、障城等要素构成，障城一般为候官治所，烽燧为部、燧治所，形成长城沿线的军事防御体系（图一～一一）。五原塞既然归属五原郡，那么它必然服从五原郡太守的管辖；五原郡太守与五原塞长城沿线的候官之间，还应有都尉一级管理者，但并非《汉书·地理志》记载的部都尉，而应是城都尉，其级别大体等同于部都尉。

城都尉是一个什么样的情况呢？在五原塞汉长城的沿线，调查有两座规模较大的汉代古城，分别为碾坊古城、增隆昌古城，其中后者为北魏加筑沿用；两座古城的规模一致，均为边长315米的方城。碾坊古城位于固阳县昆都仑河上游

图一
包头市固阳县阳山汉长城天盛城段墙体（东—西）

1.《汉书》卷6《武帝纪》，中华书局，1962年，第201页。

2.《汉书》卷8《宣帝纪》，中华书局，1962年，第270页。

图二

图三

图四

图五

图六

图七

图八

图九

图一〇

图一一

图二
巴彦淖尔市乌拉特前旗阳山汉长城广申隆段墙体（北—南）
图三
巴彦淖尔市乌拉特前旗阳山汉长城广申隆9号烽燧（东—西）
图四
巴彦淖尔市乌拉特前旗阳山汉长城小井沟段墙体（东—西）
图五
巴彦淖尔市乌拉特前旗阳山汉长城鲁家地段墙体（东—西）
图六
巴彦淖尔市乌拉特前旗阳山汉长城新村段山险（东—西）
图七
巴彦淖尔市乌拉特前旗阳山汉长城新村段墙体（西—东）
图八
巴彦淖尔市乌拉特前旗阳山汉长城圐圙补隆8号烽燧（北—南）
图九
包头市固阳县王如地4号烽燧采集陶片
图一〇
包头市固阳县王如地3号烽燧采集日晷残片
图一一
包头市固阳县西永兴3号烽燧采集铁鑺

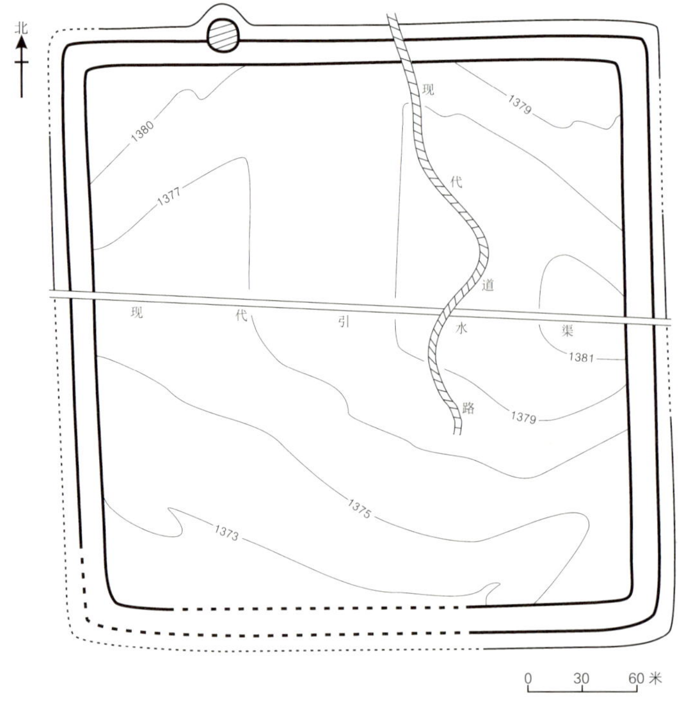

图一二
增隆昌古城平面图

一带，增隆昌古城位于乌拉特前旗小佘太川北端（图一二），两座古城一东一西，掌控着五原塞汉长城。这两座军事性城邑，各驻守有一位都尉，即城都尉，均归属五原郡太守直接管领。

云中塞、五原塞的辖区，自秦代以来有“北假中”之名，汉代称作北假，五原塞辖区又称作五原北假。西汉时期，在北假中设置有北假田官，是管理军事屯田的官员，以供应军需。汉元帝初元五年（前44年），罢北假田官。《汉书·食货志》记载此事曰：“在位诸儒多言盐铁官及北假田官、常平仓可罢，毋与民争利。上从其议，皆罢之。”[1]罢北假田官的理由是“毋与民争利”，说明北假田官管理的军事屯田与老百姓争利；此时北假中应已有平民百姓开垦种植，但具体是何种机构管理民事，尚无法确定。王莽时，曾一度恢复北假中的军事屯田。据《汉书·王莽传》，始建国三年（11年），“遣尚书大夫赵并使劳北边，还言五原北假膏壤殖谷，异时常置田官。乃以并为田禾将军，发戍卒屯田北假，以助军粮。”[2]王莽时的田禾将军，与西汉时的北假田官，性质是一样的。

1.《汉书》卷24《食货志》，中华书局，1962年，第1142页。

2.《汉书》卷99《王莽传》，中华书局，1962年，第4125页。

图一三
梅令山遗址（北—南）

在固阳县金山镇梅令山的山前平地之上，分布有一座规模较大的汉代遗址。遗址东距梅令山村约2千米，西临昆都仑河，面积近10万平方米。遗址之上遍布汉代陶片、瓦片等，个别陶片之上可见“万石”文字戳记，还采集有五铢钱、铁锅残片等。以前的调查，或认为是一座汉代古城遗址，但一直没有发现明显的城墙遗迹。初步推断，该遗址应是一处与北假田官有关的大型屯田遗址（图一三）。遗址西侧约100米处、靠近昆都仑河东岸，有一座高大的夯土台基，当为扼守昆都仑河河谷的一座汉代烽燧。

由以上分析可见，西汉时期的五原塞，至少设置有两个归属五原郡太守管辖的城都尉，城都尉之下管辖若干候官、部、燧，布列于五原塞汉长城沿线；设置有北假田官，管理军事屯田，以助军粮。西汉时期的云中塞、五原塞长城，相对于云中郡、五原郡管辖的主防线阴山汉长城，构成了向北的第二道防御线。

从五原塞再向北的光禄塞，包括汉外长城南线、北线，则是第三道、第四道防御线。光禄塞是一个纯军事性的边防区，初建时由游击将军韩说、长平侯卫伉屯守，后来可能也是设若干城都尉管领。

进入东汉以后，北方沿边郡县较西汉大为减少，主要原因有两个方面：其一，东汉初年，战乱之后返回北方郡县的中原移民较西汉时期大大缩减，已无法全面充实西汉原有郡县；其二，南匈奴、乌桓等北方民族南下，布列于原西汉边塞内外，为东汉王朝葆塞。光武帝建武二十五年（49年）岁末，乌桓布列于东汉辽东属国、辽西、右北平、渔阳、广阳、上谷、代、雁门、太原、朔方等缘边十郡；在此前后，南匈奴陆续入居北地、朔方、五原、云中、定襄、雁门、代郡。"至此，从最西的北地，绵延到最东的辽东属国，中无缺环，总计十四郡，皆有乌桓、南匈奴与东汉军民错杂而居，助为扞戍，形成了一道完备的对付北匈奴和鲜卑的防御体系。"[1]东汉王朝以这种与北方民族的军事联盟政策，一定程度上替代了长城防御体系。此时，西汉五原郡河目县废治，五原塞仍存；五原塞有时接纳匈奴降众，可能属于一种汉、匈混合的军事边防区。

三　北假中的人文地理意义

公元前300年，战国赵北长城沿着阴山南麓，修筑至乌拉山西端；公元前214年，秦朝大将蒙恬越过阴山，占领北假中，将长城修筑至北假中北侧的阳山之上；公元前127年，西汉大将卫青占领了后套平原，设置了朔方郡，在加筑蒙恬所筑阳山长城的同时，向西在阳山之上修筑了朔方郡长城。战国、秦代、西汉三个朝代，对今天阴山山脉及河套平原的统治，有着一个不断扩大的过程。

位于阴山与阳山之间的北假中，有山地，有平原，有河流，是宜于游牧民族生存的优良牧场，也适合农业开垦，是历史上农耕的北界。新石器时代，北假中是仰韶文化的北界；汉代，有"五原北假膏壤殖谷"之誉[2]；今天，这一地区的农村，依然多是一种农牧混合的经济类型。

唐晓峰先生多次强调山地对于匈奴的重要的意义，他总结道："我注意过匈奴与山地的关系，提出这样几点认识：1，匈奴巢穴多居山；2，匈奴善于山地作战；3，山地的物资是匈奴不可缺少的；4，匈奴的圣地或纪念地常在山地。

1.曹永年：《关于拓跋地境等讨论二题（摘录）》，《拓跋史探》，生活·读书·新知三联书店，2011年。
2.《汉书》卷99《王莽传》，中华书局，1962年，第4125页。

从发展历史来看，中国北方早期游牧社会可能就是以像阴山这样的草原边缘的山地为基地而发展起来的。或者说，山地与草原的交接地带是中国北方游牧社会起源的地理环境特征。北方草原周缘有许多游牧族，他们原本依据不同方位的山地而立足，随着马的使用，其游动能力加强，游动距离渐远，逐渐向毗邻的草原深处发展，在这一过程中，并形成新的社会机制以适应草原上远距离的各类人文行为管理。他们进入游牧的时间或有先后，但总的过程应当差不多。游牧民族进入草原，需要特定的条件，例如骑射之术，没有迅速奔驰的能力与且骑且战的自卫本领，不可能驾御开阔无遮蔽的草原。另一方面，尽管草原可以提供巨大的放牧空间，而山地的各种生活用材，仍然是他们不可缺少的，游牧民族从不会主动放弃山地。”[1]

位于山地之中的北假中，对于早期的匈奴帝国太重要了，除了北假中本身优越的自然条件外，进可攻，退可遁。向南过阴山、黄河可进入鄂尔多斯高原，向北过阳山可进入漠南草原，向西过黄河北河南流段可进入后套平原。所以，北假中非常有可能是早期匈奴帝国的王庭所在。据《汉书·武帝纪》记载，西汉元封元年（前110年），汉武帝亲征匈奴，“行自云阳，北历上郡、西河、五原，出长城，北登单于台，至朔方，临北河。勒兵十八万骑，旌旗径千余里，威震匈奴。遣使者告单于曰：‘南越王头已悬于汉北阙矣。单于能战，天子自将待边；不能，亟来臣服。何但亡匿幕北寒苦之地为！’匈奴詟焉。”[2] 汉武帝出长城，即为从五原郡出阴山汉长城，进入北假中，登临单于台，单于台可能即匈奴单于庭所在。

统一六国之后的秦王朝，都城在咸阳，北方的匈奴帝国为其最大的外患。从秦始皇三十二年（前215年）开始，大将蒙恬开始攻打匈奴，修缮了秦、赵、

---

1. 唐晓峰：《“边地”的主体性与多元性》，《重新讲述蒙元史》，生活·读书·新知三联书店，2016年。

2. 《汉书》卷6《武帝纪》，中华书局，1962年，第189页。

燕三国的旧长城。但匈奴单于盘踞于北假中，对阴山以南随时构成威胁，于是，蒙恬越过阴山，占据了北假中，并从秦始皇三十三年开始在北假中北侧的阳山之上构筑长城防线。蒙恬占领北假中，必定与匈奴单于有过大的战役，《史记》未作详细记载。战败后的匈奴，可北遁漠南草原，也可能向西逃至后套平原。当时的后套平原，北有黄河北河，南有黄河南河，整个平原上河道湖泊密布，并非游牧民族的理想牧场。对于后套平原的农耕开发，需要有强大的人力、物力与先进的水利技术作支撑，只有到了汉武帝时期才实现，而远非赵武灵王、秦始皇所能为。

何谓"北假中"？南朝宋人裴骃《史记集解》解释曰："北假，北方田官。主以田假与贫人，故云北假。"[1]北假田官为西汉所设官职，而"北假中"一名在秦代已经出现。辛德勇先生考证，"北假"通假为"北各"，指山体北部[2]。上述二说，均有难以自圆之处。笔者认为，"假"通"遐"，"北假中"可通假为"北遐中"；古代，多以"荒遐"描述塞外蛮荒之地，"北假中"与古语"北荒中"属同一含义。在蒙恬出兵阳山之前，这一地区位于赵北长城边外，所以称作北假中。蒙恬所筑阳山长城，成为秦代加筑沿用战国赵北长城之外的第二道边防线，汉代五原塞亦是如此。

蒙恬所筑阳山长城为汉代云中塞、五原塞长城加筑沿用，长城沿线可见一些单纯的秦代遗存，主要是修筑于山顶之上的断断续续的墙体、烽燧与障城。目前能够辨识者，是非常少的。

阳山秦汉长城最靠东的两座障城，由南向北依次为冯家窑1号障城、冯家窑2号障城，二者相距约400米（图一四）。冯家窑1号障城位于长城墙体西侧50米处宽阔的山间平地上，建在一座人工夯筑的台基之上，台基平面呈长方形，

1.《史记》卷110《匈奴列传》，中华书局，1959年，第2887页。

2.辛德勇：《阴山高阙与阳山高阙辨析——并论秦始皇万里长城西段走向以及长城之起源诸问题》，《文史》2005年第3辑。

南北长60米，东西宽45米，高约1.5米。障城位于台基西北部，平面呈方形，边长40米。墙体为黄土夯筑而成，南墙中部开门。地表散布绳纹陶片、板瓦较多，其中板瓦内腹多饰菱格纹。冯家窑1号障城为典型的汉长城障城（图一五）。

图一四

图一五

冯家窑2号障城东邻长城墙体，平面呈正方形，边长50米。墙体为黄土夯筑而成，南墙中部设门。障城内散布较多绳纹陶片，不见板瓦。障城北侧有一道长约240米的东西向土垄，对山顶的南北向通道形成封堵之势，并对该障城起到保卫作用（图一六）。初步推断，冯家窑2号障城为秦代所筑，与其北侧的当路塞共同构成了秦朝修筑于这一山顶通道区域的防御体。到汉代，新筑了冯家窑1号障城及其东侧的长城墙体、烽燧等后，便废弃了冯

图一四
冯家窑1号障城与冯家窑2号障城的相对位置航拍图（上为南）
图一五
冯家窑1号障城航拍图（上为北）

图一六
冯家窑2号障城及其北侧当路塞航拍图（上为北）

家窑2号障城及其当路塞。

北假中与后套平原之间，古有黄河北河南流段，今有乌梁素海相隔离，同样具有东西两方的分界作用。例如，抗日战争时期，在国民政府傅作义部军队的坚决抵抗下，“自从1940年春五原战役以后，河套地区的国民党军队与驻守包头、大佘太、西山嘴的日伪军形成隔乌梁素海对峙的局面。”[1]

1. 郝维民、齐木德道尔吉总主编，金海、赛航主编:《内蒙古通史》第6卷《民国时期的内蒙古（一）》，人民出版社，2011年，第180页。

第八章

西洋河汉长城

西洋河汉长城主要分布于乌兰察布市兴和县西洋河流域。长城墙体东自山西天镇县新平堡镇，沿着西洋河北岸进入兴和县店子镇，继续沿着西洋河北岸向西延伸，到喇嘛营村西南的喇嘛营障城墙体终止。从喇嘛营障城至卢家营1号烽燧之间，西洋河转呈西南 — 东北流向，此间不见长城墙体，以两两相望排列分布的烽燧延续了下来，顺着沟谷进入山西省阳高县罗文皂镇境内。

西洋河汉长城墙体主要修筑在西洋河北岸的台地上，均为外侧挖壕、内侧夯筑而成的土墙（图一、二）。墙体总长14.114千米，其中保存有墙

图一
乌兰察布市兴和县北沙滩长城（东 — 西）

图二

体部分长13.014千米，消失段落长1.1千米；共调查单体建筑46座，包括烽燧42座、障城4座。

调查的42座烽燧，墩台均为土筑，个别可见坞（图三、四）。分布于墙体沿线的22座烽燧，以二道营2号烽燧为界，以东的烽燧均倚墙内侧而筑，以西的烽燧大多分布于墙体内侧不远处，与墙体之间的距离多数约20米。喇嘛营障城西南共调查20座烽燧，喇嘛营5号烽燧至卢家营2号烽燧之间的烽燧主要修筑在西洋河西岸，其余均筑在南北向大沟的西侧。烽燧间的距离远近不等，最近者仅140米。

调查障城4座，形制大致相同，平面大多呈正方形。面积大小不等，最小的喇嘛营障城为400平方米，最大的二道营障城为4800平方米（图五、六）。障城相互之间的距离大致相同，约2.5千米。

图三

在西洋河汉长城沿线，分布有古城村古城，位于店子镇古城村内，《中国文物地图

图二
乌兰察布市兴和县店子长城（东—西）
图三
乌兰察布市兴和县店子1号烽燧（北—南）

图四
乌兰察布市兴和县营盘嘴2号烽燧（北—南）

集·内蒙古自治区分册》对其描述较为详细，时代认定为汉代，并推测为西汉且如县故城。[1]在长城资源调查中，对该座古城遗址作了实地踏勘。古城位于西洋河南岸的斜坡上，由于分布于村落中，受破坏严重，城墙仅存一段西南角的墙体，初步观察为晚期墙体叠压于早期墙体之上。早期墙体呈土垄状，晚期墙体修筑于早期墙体之上，夯层直立。晚期墙体夯土内包含有大量灰色绳纹陶片，与墙体周边散落的陶片一致。

古城村古城东邻山西天镇县新平堡镇，山西方面认为新平堡镇为战国赵国代郡延陵邑所在，不知依据何在。对照《水经注·㶟水》的相关记载，古城村古城至新平堡镇一带，应分布有西汉代郡延陵县治所，[2]或即为古城村古

1. 国家文物局主编《中国文物地图集·内蒙古自治区分册》（下册），西安地图出版社，2003年，第558页。
2.《水经注》卷13《㶟水》，陈桥驿校证本，中华书局，2007年，第319～320页。

图五

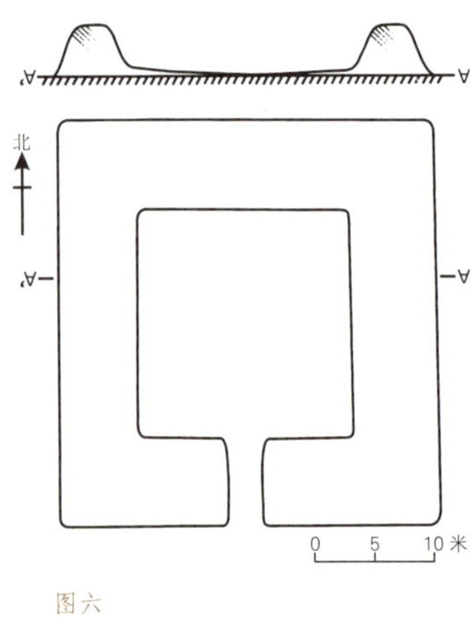

图六

城。西汉代郡设有东、中、西三个部都尉，分别治马城、且如、高柳。马城在今河北省怀安县，高柳在今山西省阳高县，且如应位于二者之间，初步推断在今河北省怀安县渡口堡乡西洋河村附近。兴和县境内的西洋河汉长城，应当归属代郡西部都尉管领。西洋河汉长城从山西阳高县罗文皂镇向北进入兴和县后，在卢家营村附近再向北过山间谷地进入兴和县张皋镇，这一线应为西汉代郡西部都尉出塞的塞道所在。由张皋镇向北，为东洋河上游南北向川地，北魏时期名为“长川”，也是北魏由平城出塞的塞道之一。

图五
乌兰察布市兴和县店子障城（北—南）
图六
乌兰察布市兴和县店子障城平、剖面图

第九章
蛮汉山汉长城

一　蛮汉山汉长城

蛮汉山汉长城由南向北分布于乌兰察布市凉城县、卓资县境内，调查时可见遗迹的南端西距今凉城县左卫窑古城约9公里，系西汉定襄郡都武县故城，北端紧邻今卓资县三道营古城，系西汉定襄郡东部都尉治所武要县故城，从而构成了西汉定襄郡东部的一条南北向的防御线。

蛮汉山汉长城属于长城资源调查新发现，调查墙体总长21.457千米（图一、二），其中，

图一

图二

图一
乌兰察布市凉城县后德胜长城3段（南—北）
图二
乌兰察布市卓资县北营子长城1段（东—西）

图三

图四

土墙长17.614千米，石墙长1.258千米，消失段落长2.585千米。长城沿线调查烽燧57座（图三、四）、障城3座（图五）。

调查发现的蛮汉山汉长城的南端点为圪林沟1号烽燧，位于凉城县蛮汉镇圪林沟村西北约580米处山沟北侧的山坡之上。在圪林沟1号烽燧北约200米处始见有长城墙体遗迹，一路向北蜿蜒盘旋于边墙梁山的山脊之上，依山势上下起伏，经后德胜村东、巴安兔沟村西，穿过一条季节性河流，复上山北行，过磬山进入卓资县境内。

长城墙体从磬山下来后，穿过一条季节性河流，过卓资县大榆树乡东脑包村，进入脑包沟后墙体中断，只见有距离不等的烽燧，或建于沟谷两侧的台地上，或建于沟谷两侧的半坡上，或建于沟谷河槽内。这条烽燧线经大榆树乡阳坡村、曹旺营村、牛路沟村、王家卜

图三
乌兰察布市卓资县东脑包6号烽燧（南—北）
图四
乌兰察布市卓资县北营子1号烽燧（东北—西南）

村、张家圪塔村、北坝村，进入大石头沟。再经梨花镇坝壕子村、黑土沟村、大井村、三股地村、双脑包村、小土城村，出杀马沟后复见长城墙体。墙体顺山而上，经头道泉村西的低矮土山，穿越G6高速公路、京包铁路、110国道，在土城子村西折向东北过大黑河，与战国赵北长城墙体相交后，顺大黑山而上，在半坡处分为两道墙体延伸。一道墙体折向西行，至石洞背沟折向西南，下山后西行，在上三道营村东终止。另一道墙体以石块垒筑，顺山势北上，终止于大黑山的半山腰。

图五
乌兰察布市凉城县芦家窑障城远景（东北—西南）

蛮汉山汉长城分布所在山脉总体呈南北走向，长城依山势而行。由于山脉中山峦分布错杂，长城墙体、烽燧、障城的构筑均采取了因地制宜的措施，只在长城首尾两端地势较为平缓处修筑墙体，大部分地段用烽燧连接，障城则修筑于山口要道之处。

二　樊梨花点将台

位于大黑山半山腰之上的北营子1号烽燧，当地老乡称之为樊梨花点将台。据说，大黑山中有一座很深的山洞，当地老乡称之为梨花洞。

樊梨花是“薛家将”故事中的人物，历史上并无其人。“薛家将”故事的起头人是薛仁贵，为唐朝名将；但“薛家将”故事中的薛丁山、樊梨花、薛刚等均为虚构人物，关于樊梨花的故事到清代才开始出现。

大黑山前有土城子村，原隶属三道营乡。110国道开通后，途经土城子村，三道营乡由三道营村迁至土城子村，并更名为梨花镇。梨花镇的得名，即源于大黑山之上的樊梨花点将台、梨花洞等传说。

土城子村中的古城，一般被命名为三道营古城。内蒙古西部地区叫土城子、古城的村子太多了，为了不混淆，一些这样的古城往往以所在乡镇为名。三道营古城为西汉定襄郡武要县兼东部都尉治所，北魏作了加筑沿用，可能继续称作武要城。

虚构的小说、戏曲、说唱文学人物进入今天的地名，当然无可厚非。不过，地方政府也可以把“武要”这样历史上的重要行政建制名称用作今天的地名，同样具有历史意义。

三　板城当路塞

从蛮汉山汉长城向南，蛮汉山山势由南北走向转呈为大体东北 — 西南走向，山间尚未开展系统的调查工作。在东北 — 西南走向山势的南麓地带，于凉城县永兴镇板城村东侧曾发现有汉代的板城古城，古城东有延伸约2.5千米的一道南北向土筑墙体[1]。这道土筑墙体北起板城村北的刁王山山脚下，向南沿坝底河东岸，一直通向南老虎山山脚下，起到控扼两山间隘口通道的作用。从该道墙体的分布走向看，应为蛮汉山汉长城向南的延伸，属于当路塞长城，可称之为板城当路塞。以前的调查资料，记载其为黄土夯筑而成，夯层厚8 ~ 10厘米，基宽约15米，保存最高处可达3米。

---

1. 凉城县文物保护管理所编《凉城县文物志》，1992年，第133页。

在本次长城调查中，对板城古城及其东侧的板城当路塞均做了实地踏查，由于长期的耕地开垦，已难于地面找到古城与当路塞墙体的遗迹。以前或考订板城古城为西汉雁门郡参合县县治[1]，这样的结论与参合县在西汉属于代郡管辖的历史记载是相悖的。关于西汉代郡参合县县治，一般认为在今山西省阳高县大白登镇。板城古城属于西汉定襄郡县邑，初步推断为西汉定襄郡西部都尉治所武进县，东汉定襄郡南移，武进县改属云中郡。由此可见，板城当路塞亦属于定襄郡东线长城的组成部分。

四 小 结

通过蛮汉山汉长城的发现，明确了西汉在云中郡东部设置定襄郡的目的所在，那就是利用南北向的蛮汉山起到东向防御的作用。定襄郡的东部都尉治所（今卓资县三道营古城）分布于该道长城的北端，管辖的长城包括察哈少山以东的九十九泉汉长城以及卓资县梨花镇境内的蛮汉山汉长城。中部都尉治所武皋县（今呼和浩特市赛罕区二十家子古城）位于呼和浩特平原东部的大黑河沿岸，清代从张家口通往归化城的张家口驿站，在二十家子古城附近设有和林格尔驿，从和林格尔驿向东经石人湾、大榆树的驿道，也是汉代定襄郡中部都尉的塞道所在。《汉书·地理志》记曰："武皋，荒干水出塞外，西至沙陵入河。"[2]作为西汉定襄郡中部都尉，从石人湾一线塞道东来的河水，在汉代被看作是荒干水（今大黑河）的上源。中部都尉管辖的长城，主要是卓资县大榆树乡、凉城县蛮汉镇境内的蛮汉山汉长城。西部都尉管辖的是凉城县境内浑河流域的南北一线防御。到东汉时期，随着定襄郡的南迁，蛮汉山汉长城随之失去了防御功用。

1. 李逸友：《论内蒙古文物考古》，《内蒙古文物考古文集》第一辑，中国大百科全书出版社，1994年。
2. 《汉书》卷28《地理志》，中华书局，1962年，第1620页。

第一〇章

九十九泉汉长城

一　灰腾梁简介

灰腾梁属于阴山山脉东段，大部分山峦顶部地势平坦辽阔，总体形状大体呈西南—东北分布的长方形，东西长约80千米，南北宽约25千米。海拔在1500米以上，主峰海拔2113米，平均海拔约1900米，西段的海拔较高，越往东海拔越低。山梁南北两侧，海拔落差将近1000米。海拔高峻，使得灰腾梁具有冬长夏短、日温差和年温差较大的特点。这种山地气候和高原气候条件，形成了内蒙古中南部地区仅有的典型高山草甸草原——辉腾锡勒草原。辉腾锡勒草原只是灰腾梁的一部分，具体位于卓资县巴音锡勒镇与察哈尔右翼中旗科布尔镇之间方圆约20千米的范围之内，山顶地势广阔平坦，湖泊星罗棋布，形成灰腾梁的核心区域。

远古时期，火山喷发和地壳运动形成密布高原的死火山口，多呈不规则的圆形，面积大小不等，直径多在200～1500米，深3～10米。这些死火山口由风沙淤积之后积储雨水，形成众多小型的高原湖泊。历史上，这个湖泊群以“九十九泉”的名称一直被记载下来，今天仍然沿用，但具体数量远远大于99个。

修筑于灰腾梁之上的汉长城，主要对九十九泉所在的辉腾锡勒草原形成了一个包围圈。

二　九十九泉汉长城概况

九十九泉汉长城主要由墙体、烽燧、障城三类遗迹组成。墙体除东端部分分布于山梁下外，主体分布于灰腾梁山梁之上，从东、北、西三个方向将辉腾锡勒草原包围了起来。梁西南地势陡峭，有自然防御之势，从而未修筑墙体，但也通过烽燧、障城等，将长城防御体系从梁上一直延伸了下来，向西北通过旗下营小平原，在旗下营镇西侧的察哈少山，与沿用战国赵北长城的阴山汉长城相衔接。

九十九泉汉长城墙体总长51.242千米，其中土墙长39.081千米，石墙长11.796千米，消失墙体长0.365千米。在长城墙体沿线，共调查烽燧56座、障城5座；在离开长城墙体之外，共调查烽燧13座、障城7座（图一）。

由于位于高山草原之上，受自然因素和人为因素的影响较小，九十九泉汉长城的受破坏程度

图一
九十九泉汉长城分布示意图

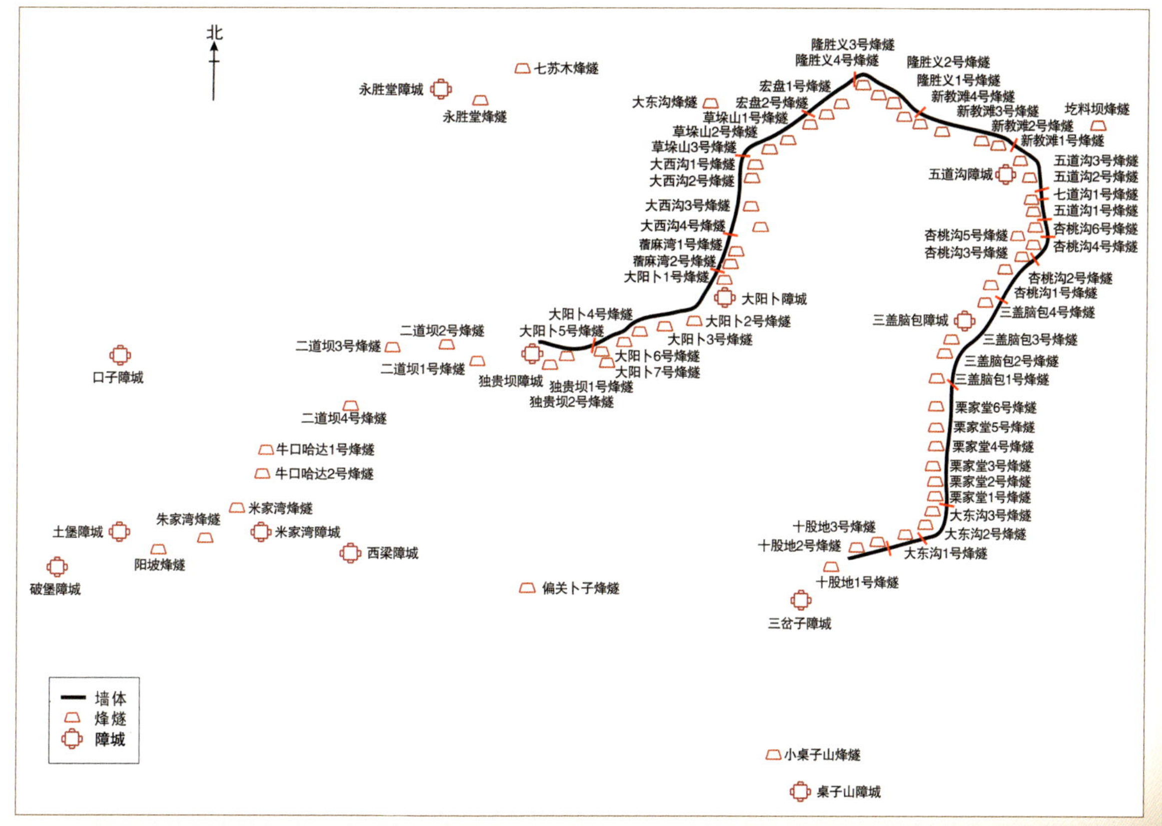

图二

图三

较轻，目前大部分墙体段落保存较差是年代久远的原因所致。在调查中，根据长城墙体的不同构筑方式，结合其保存状况，将九十九泉汉长城共划分为23个调查段，分为土墙15段、石墙7段、消失墙体1段。土墙占绝大部分，多修筑于较开阔平坦的山丘顶部，或者山丘间的平缓地带。土墙的构筑方式均系外侧挖壕取土、于内侧夯筑而成，有的在两侧可见外包石砌筑痕迹。以大阳卜长城为例，属于保存相对较好者，墙体底宽顶窄，剖面呈梯形，底宽14～16米，顶宽8～13米，残高0.5～0.8米（图二）。

石墙主要修筑在起伏较大的山丘间或山丘顶部，附近湖泊较为集中，地表散布有大量火山岩。因而，墙体采用了就地取材的构筑方式，以火山岩垒砌而成。以杏桃沟长城1段为例，属于保存相对较好者，墙体底宽顶窄，剖面呈梯形，底宽5～7米，顶宽3～4米，残高0.8～1.5米（图三）。

图二
大阳卜长城（东北—西南）
图三
杏桃沟长城1段（西南—东北）

烽燧大部分修筑于墙体内侧及墙体的延伸线之上，由堠、坞、积薪垛三部分组成。堠为方台，俗称墩台。居延汉简记载："堠高四丈，上堞高五尺。"（E.P.T52.27）则其通高约合10.4米。堠旁侧有坞，供士兵日常居住。《国语·晋语》韦注："小障为坞。"坞和堠相连在一起，坞通常位于堠的东侧或南侧，有的坞还可分为内坞、外坞。在堠、坞的周边，分布有一些小的圆形或方形石头圈，为放置积薪的积薪垛。烽燧的报警设施，通常有烽、表、苣火、燧等数种，史料中记述的"举烽燔燧"中的燧，就是积薪垛。积薪垛可分为大小两种，居延汉简中有大积薪、小积薪的记载，每座烽燧中大积薪、小积薪的最多数量均为4个。

九十九泉汉长城的烽燧，以仅存墩台者最为多见。这些墩台，平面多呈长方形，构筑方式以内部土筑、外部石砌者最为常见（图四）。以五道沟3号烽燧为例，调查可见墩台和坞。墩台内部土筑，外侧包砌石块，呈圆形土堆状，直径12米，残高2.7米。坞分为内坞、外坞。内坞位于墩台南侧，靠台体而筑，残存西墙，长7.6米。外坞位于墩台和内坞外侧，平面呈长方形，南北长26米，东西宽22米。外坞部分南墙利用墩台外包砌石墙，墙体宽1.2米，残高0.2～0.4米（图五）。

烽燧与墙体之间的关系，以烽燧分布于墙体内侧者居多，只有个别塞外燧分布于墙体外侧。分布于墙体内侧的烽燧，与墙体之间的直线距离往往较近，多在40～100米，最近的约10米，最远的约600米。塞外燧与墙体之间

图四

图四
十股地2号烽燧（东南—西北）

的直线距离较远，均建于周边地形的制高点之上，多可与分布于墙体内侧的烽燧遥相呼应。

图五

调查的12座障城，其中3座分布于长城墙体内侧，2座位于长城墙体两端，其他均远离长城墙体。这些障城的形制大体相同，平面大多呈正方形，边长有23米、35米、46米、53米、60米、70米等多种，为汉代十丈（汉代十丈等于现代23.1米）的倍数。部分障城主障外分布有关厢（图六）。障墙底宽顶窄，有石块垒砌、沙土夯筑和内部土筑、外表包石等构筑方式。墙体内侧修筑的障城，与墙体之间的距离一般约200米。

九十九泉汉长城调查中发现的遗物，集中于烽燧的坞和障城之内。由于年代久远，地表可见坞址多不清晰，但散布遗物较多，以陶片最为常见。障城采集遗物，陶片、瓦片兼有。陶片陶质多为泥质灰陶、褐陶，还有少量黑陶，可辨器形有罐、盆、釜等，

图六

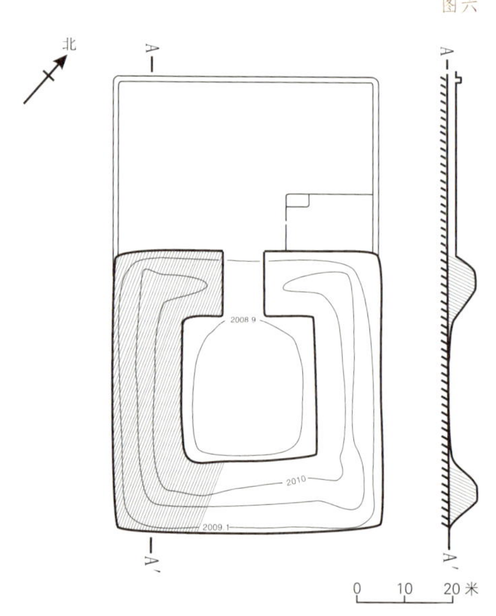

图五
五道沟3号烽燧及五道沟长城2段墙体航拍图（上为东南）
图六
三盖脑包障城平、剖面图

纹饰有粗绳纹、细绳纹、弦断绳纹、凹弦纹和附加堆纹等。瓦片可分为板瓦、筒瓦两类，外壁均多饰绳纹，其中板瓦内腹多饰菱形格纹，筒瓦内腹多饰布纹（图七）。个别遗迹之上采集有五铢钱，钱面有周郭，钱背有内外郭，“五”字交笔为直笔，“铢”字的“朱”头呈方折形，“金”字头较小，犹如一枚箭镞，属于汉武帝元狩五年（前118年）始铸的郡国五铢（图八）。

图七

图八

三　九十九泉汉长城的防御体系

通过对居延汉简等汉代简牍的研究，结合《汉书·地理志》的相关记载，目前学术界已大体构拟出汉长城的防御体系。以管辖九十九泉汉长城的西汉定襄郡为例，定襄郡下辖12县，郡太守驻成乐县，兼行民事与军事管理职能。定襄郡太守的民事职能，是管领12县，12县各有县令；定襄郡太守的军事职能，是管领东、中、西三个部都尉。部都尉之下，设有候官、部、燧三级军事建制，行使军事防御职能。如果建有长城防线，则候官、部、燧均设置于长城沿线，候官驻治于障城，部、燧驻治于烽燧。

图七
大阳卜障城采集板瓦
图八
五道沟障城采集的郡国五铢铜钱

九十九泉汉长城属于西汉定襄郡东部都尉的防区，东部都尉与武要县同治一城，旧址为卓资县三道营古城。武要县县令管民事，秩俸600石；东部都尉管军事，秩比2000石，明显高于县令；定襄郡太守，秩俸2000石。东部都尉管辖的长城，除西起察哈少山、向东北一直绵延至三岔子障城的九十九泉汉长城之外，还有卓资县梨花镇境内的蛮汉山汉长城。东部都尉出塞的塞道为自三道营古城向东的大黑河东西一线，分布于九十九泉汉长城东南端的小桌子山烽燧、桌子山障城，属于东部都尉塞道之上的塞外燧、塞外障。

驻治于障城的候官的长官称候，秩俸600石，与县令大体相当。候的属吏有塞尉、候丞、士吏、掾、令史、尉史等。塞尉为候之副手，秩俸200石。士吏秩俸100石，为候官属吏，由候派往各部督察戍务。燧是最低的一级，驻守于烽燧之中，长官称燧长，秩次为佐史，是汉代官吏中最低的秩次。每座烽燧的成员少则2人，多则5、6人，以3人居多。燧的上一级军事组织部，也驻扎于烽燧之中，部的长官称候长。驻守成员较多的烽燧，往往属于部的驻所。

九十九泉汉长城的各类遗迹保存相对较好，可大体复原当时的军事管理体系。三岔子障城作为一个候官治所，管领九十九泉汉长城东南山下的长城墙体，长2344米；管领烽燧3座，烽燧相互间距约900米。

三盖脑包障城作为一个候官治所，管领九十九泉汉长城几字形东部梁上的长城墙体，长13.058千米；管领烽燧15座，烽燧相互间距约850米。三盖脑包障城与五道沟障城的管领范围，以路路坡沟为界。

五道沟障城作为一个候官治所，管领九十九泉汉长城几字形北部的长城墙体，长14.825千米；管领烽燧17座，包含塞外燧1座，烽燧相互间距多约750米。

大阳卜障城作为一个候官治所，管领九十九泉汉长城几字形西部的大部分长城墙体，长14.687千米；管领烽燧16座，包含塞外燧1座，烽燧相互间距不一，近者530米，远者可达1千米。

独贵坝障城作为一个候官治所，管领九十九泉汉长城西南端的长城墙体，长6328米；管领烽燧9座，相互间距多约1.3千米。

米家湾障城作为一个候官治所，管领烽燧5座，相互间距多约2千米。破堡障城亦为候官治所，但具体管领烽燧现均已破坏无存。其他如永胜堂障城及其周围的七苏木烽燧、永胜堂烽燧，均为塞外障、塞外燧；口子障城、土堡障城、西梁障城，则均具有扼守险要的作用。

从九十九泉汉长城保存较好烽燧的分布情况，结合部、燧驻地烽燧与单纯燧治所烽燧的区分来看，一部管领3 ~ 7燧，即部所在烽燧及其两侧的各1 ~ 3座燧。较为特殊的是，大阳卜7号烽燧紧邻大阳卜6号烽燧，初步推测大阳卜7号烽燧为单纯的部治所。具体见下表：

九十九泉汉长城候官、部、燧三级军事建制管理体系列表

候官	部	燧
三岔子障城	十股地2号烽燧	十股地1号烽燧、十股地2号烽燧、十股地3号烽燧
三盖脑包障城	大东沟3号烽燧	大东沟1号烽燧、大东沟2号烽燧、大东沟3号烽燧、栗家堂1号烽燧、栗家堂2号烽燧、栗家堂3号烽燧
	栗家堂6号烽燧	栗家堂4号烽燧、栗家堂5号烽燧、栗家堂6号烽燧、三盖脑包1号烽燧、三盖脑包2号烽燧
	杏桃沟1号烽燧	三盖脑包3号烽燧、三盖脑包4号烽燧、杏桃沟1号烽燧、杏桃沟2号烽燧
五道沟障城	杏桃沟6号烽燧	杏桃沟3号烽燧、杏桃沟4号烽燧、杏桃沟5号烽燧、杏桃沟6号烽燧、七道沟烽燧、五道沟1号烽燧
	新教滩1号烽燧	五道沟2号烽燧、五道沟3号烽燧、新教滩1号烽燧、新教滩2号烽燧、新教滩3号烽燧
	隆胜义2号烽燧	新教滩4号烽燧、隆胜义1号烽燧、隆胜义2号烽燧、隆胜义3号烽燧、隆胜义4号烽燧

续表

候官	部	燧
大阳卜障城	草垛山1号烽燧	宏盘1号烽燧、宏盘2号烽燧、草垛山1号烽燧、草垛山2号烽燧、草垛山3号烽燧
	大西沟4号烽燧	大西沟1号烽燧、大西沟2号烽燧、大西沟3号烽燧、大西沟4号烽燧、蓿麻湾1号烽燧
	大阳卜3号烽燧	蓿麻湾2号烽燧、大阳卜1号烽燧、大阳卜2号烽燧、大阳卜3号烽燧、大阳卜4号烽燧
独贵坝障城	大阳卜7号烽燧	大阳卜5号烽燧、大阳卜6号烽燧、独贵坝1号烽燧、独贵坝2号烽燧
	二道坝3号烽燧	二道坝1号烽燧、二道坝2号烽燧、二道坝3号烽燧、二道坝4号烽燧
米家湾障城	米家湾烽燧	牛口哈达1号烽燧、牛口哈达2号烽燧、米家湾烽燧、朱家湾烽燧、阳坡烽燧

通过《魏书·太祖纪》道武帝“西登武要北原，观九十九泉”的记载，考古工作者考证出，分布于灰腾梁西南大黑山之下的三道营古城为西汉定襄郡武要县县治 。三道营古城位于由东向西进入大黑河谷地的一个重要控扼点之上，北侧大黑山山麓有大体呈东西走向的战国赵北长城，东侧有大体呈南北走向的蛮汉山汉长城，后者为汉高祖十一年（前196年）新设立的定襄郡的东界。汉武帝元朔二年（前127年），卫青北击匈奴，修缮了秦代大将蒙恬所筑的阳山长城，九十九泉长城应当修筑于卫青修缮阳山长城之后的不久。九十九泉汉长城的修筑，将水草丰美的辉腾锡勒草原包围起来，占据了防控匈奴的东北角制高点。到东汉时期，随着武要县建制的撤销，九十九泉长城也随之一并放弃。

四　九十九泉汉长城一度被误认为北魏御苑遗址

20世纪90年代，内蒙古自治区文物考古研究所的李逸友先生，将九十九泉汉长城误认为北魏御苑，主要依据了《魏书·太祖纪》中有关"九十九泉"的一条记载，北魏道武帝拓跋珪于天赐三年（406年）八月"丙辰，西登武要北原，观九十九泉，造石亭，遂之石漠。"[1]石亭加上围墙、望台等，构成了一座规模宏大的御苑[2]。本次调查，认为所谓的御苑围墙便是长城墙体，望台是烽燧，石亭是障城。汉长城的组成要素——墙体、烽燧和障城，灰腾梁上的遗存一应齐备。

那么，《魏书·太祖纪》记载的"造石亭"究竟是怎么一回事呢？考辨《魏书》中这一段对道武帝拓跋珪在"武要北原"上活动的记述，连续用到了"登""观""造""之"等四个动词，"造"所表达的意思应与"观""之"近似，是"到""去"造访"的含义，而非"建造"。《说文解字》释"造"："造，就也。""造"亦有制造、制作等含义，但《魏书》中关于"建造"意思的表述，多用"起""筑""建"等名词，而不见用"造"者。秦汉时期，多用"亭障"等长城的组成部分来表述长城，亭即烽燧，"石亭"指的是九十九泉汉长城的烽燧。在内地，亭是负责治安的基层单位；在塞防线上，亭是警戒、设防的基层单位，有"塞上亭"之称。"造石亭"所表述的，正是道武帝在灰腾梁上避暑期间观览前朝遗迹。

第二个问题，北魏王朝是否曾在灰腾梁之上修建过御苑呢？道武帝拓跋珪于天赐三年（406年），西登武要北原、观九十九泉、造石亭的巡幸活动，是目前见到的关于灰腾梁、九十九泉和九十九泉汉长城的最早历史记载。道武帝于八月丙辰（十三日）上梁，之后的活动是"九月甲戌朔，幸漠南盐池。"[3]"九月甲戌朔"经推算为"九月初一"，大致以此作为道武帝离开灰腾梁的时间，那么他在灰腾梁之上驻跸有半月之久。此后，北魏太宗明元帝拓跋嗣从牛川

1.《魏书》卷2《太祖纪》，中华书局，1974年，第43页。

2.李逸友：《北魏九十九泉御苑遗址》，《内蒙古文物考古》1998年第1期。

3.《魏书》卷2《太祖纪》，中华书局，1974年，第43页。

南还之时，路经九十九泉。太常元年（416年）“秋七月甲申，帝自白鹿陂西行，大狝于牛川。登釜山，临殷繁水而南，观于九十九泉。戊戌，车驾还宫。”[1]从七月九日至二十日，在这12天之内，明元帝主要是在牛川进行了大规模的狩猎活动，在九十九泉只作短暂停留。

除上述道武帝拓跋珪、明元帝拓跋嗣在灰腾梁上的活动之外，史籍再未见有其他北魏皇帝登临灰腾梁的记载。而且，明元帝只是顺路观九十九泉，只有道武帝驻跸的时间稍长。通览《魏书·太祖纪》，道武帝于386年在贺兰部的支持下，于牛川复国。牛川的范围，大体以今察右后旗韩勿拉河流域为中心、包括察右中旗后大滩一带，为道武帝常幸之地。在398年定都平城之前，道武帝居无定所，是一个“行国”，行都除牛川外，还有定襄之盛乐（在今呼和浩特平原大黑河流域东部一带）、纽垤川（今包头市固阳县北魏怀朔镇周边草原）、意辛山（今乌兰察布市四子王旗乌兰哈达七层山）以及391年在今鄂尔多斯地区建立的河南宫（今鄂尔多斯市准格尔旗十二连城古城）等。

定都平城之后，道武帝仍然几乎每年夏天总要巡幸漠南及阴山地区。一方面，当时北方草原上有高车、柔然等敌对部落，需要巡察北疆安全；另一方面，也和鲜卑人作为游牧民族的生活习俗有关，赶着家畜追逐水草丰美的草原，同时开展大规模的校猎活动。道武帝即位的牛川，原来主要是贺兰部的游牧地。道武帝初年，对贺兰部推行了部落离散的政策，分而治之。后于390年破贺兰部，完全掌控了牛川。灰腾梁地处牛川西南，只是道武帝、明元帝巡幸阴山或者牛川行程中的一个驻跸之所，或游览前朝长城，或观赏九十九泉，所谓的“御苑”既不见于史料记载，又缺乏考古资料的支撑。

1.《魏书》卷3《太宗纪》，中华书局，1974年，第56页。

第一一章

云中郡与定襄郡

探讨汉代云中郡与定襄郡属县治城，需要将历史学、考古学、历史地理学三个学科充分结合起来，予以客观考辨。

一　历史学研究

历史学方面，《汉书·地理志》《后汉书·郡国志》《水经注》是最基本的史料。三者之中，《汉书·地理志》《后汉书·郡国志》是第一手资料，可信度最高。《水经注》晚出，记述了很多水系和具体治城位置所在，具有较高史料价值；但《水经注》本身错讹较多，对其需要作具体分析，不可尽信。部分后起的史料，也具有一定的参考价值，如《魏书》等。

《汉书·地理志》记载西汉云中郡辖11县，具体为："云中郡，秦置。莽曰受降。属并州。户三万八千三百三，口十七万三千二百七十。县十一：云中，莽曰远服。咸阳，莽曰贲武。陶林，东部都尉治。桢陵，缘胡山在西北。西部都尉治。莽曰桢陆。犊和，沙陵，莽曰希恩。原阳，沙南，北舆，中部都尉治。武泉，莽曰顺泉。阳寿。莽曰常得。"[1]

《汉书·地理志》记载西汉定襄郡辖12县，具体为："定襄郡，高帝置。莽曰得降。属并州。户三万八千五百五十九，口十六万三千一百四十四。县一十二：成乐，桐过，莽曰椅桐。都武，莽曰通德。武进，白渠水出塞外，西

1.《汉书》卷28《地理志》，中华书局，1962年，第1620页。

至沙陵入河。西部都尉治。莽曰伐蛮。襄阴，武皋，荒干水出塞外，西至沙陵入河。中部都尉治。莽曰永武。骆，莽曰遮要。定陶，莽曰迎符。武城，莽曰桓就。武要，东部都尉治。莽曰厌胡。定襄，莽曰着武。复陆。莽曰闻武。”[1]

《汉书·地理志》对西汉云中郡、定襄郡属县的记载虽显得较为简略，但仔细分析，包含的信息量很大，可分为若干层次：第一、首县为郡治，云中郡治云中县，定襄郡治成乐县，但首县之后其他县的排列无规律可循；第二、郡太守既是一郡的行政长官，又是一郡的军事长官，所辖县管理民政，所辖东、中、西三个部都尉管理边防军事，两郡的6个部都尉均与县同治，这6个县应大致呈东西向（或北南向）分布于汉长城沿线；第三、部分县之后提到了其与附近山、水之间的关系，为寻找县治提供了重要线索；第四、个别县名与王莽的改名，名称中可能包含了其所处地理位置的含义，如复陆，有“道路纵横交错”之意，该县邑显然处于交通要地。

再看《后汉书·郡国志》。《后汉书·郡国志》记载东汉云中郡辖11县，具体为云中、咸阳、箕陵、沙陵、沙南、北舆、武泉、原阳、定襄、成乐、武进[2]。《后汉书·郡国志》记载东汉定襄郡辖5县，具体为善无、桐过、武成、骆、中陵[3]。

《后汉书·郡国志》体现的信息，主要在于东汉时期二郡的属县变化，可分为两个层次：第一、西汉云中郡的陶林、犊和、阳寿三县和西汉定襄郡的武要、襄阴、定陶、武皋、复陆、都武六县，均于东汉废治，一定程度说明这些县份的位置可能要偏北一些，其故地到东汉或成为内附南匈奴的游牧地；第二、西汉定襄郡到东汉变化较大，郡治南迁，武进、成乐、定襄三县成为云中郡属县，武城、骆、桐过三县仍属定襄，表明前三县位置接近云中郡，后三县位置应位于西汉定襄郡的最南端。

1.《汉书》卷28《地理志》，中华书局，1962年，第1620～1621页。

2.《后汉书》卷113《郡国志》，中华书局，1965年，第3525页。

3.《后汉书》卷113《郡国志》，中华书局，1965年，第3525页。

最后看《水经注》。《水经注·河水三》提到的汉代云中郡与定襄郡属县，先后有桢陵县、沙南县、沙陵县、咸阳县、武进县、成乐县、云中县、武皋县、原阳县、武泉县、北舆县、桐过县。《水经注》提到的桢陵县、沙南县、沙陵县、咸阳县、桐过县均位于黄河沿岸，这一部分《水经注》写得很乱，与《水经》也存在很多龃龉之处，但大体可以得知，咸阳县位于东流黄河北岸，沙陵县、桢陵县、桐过县由北向南依次位于南流黄河东岸，沙南县位于南流黄河西岸。《水经注》提到的武进县、成乐县、云中县，由东向西位于白渠水流域，于沙陵县附近注入沙陵湖（今托克托县双河镇西北七星湖）；白渠水大体可对应今天流经呼和浩特平原南部的什拉乌素河，但今天的河道与汉魏时期变化很大。《水经注》提到的武皋县、原阳县位于芒干水沿岸，芒干水为今天的大黑河，《汉书·地理志》记作荒干水。武泉水为芒干水北侧的一条支流，沿线由东向西分布有武泉县、北舆县；武泉水可能是今天的小黑河，但今天的河道与汉魏时期变化很大。

后起的史料，有时也能够为判定城名提供关键证据。如《魏书·太祖纪》记载，道武帝拓跋珪于天赐三年（406年）八月，"丙辰，西登武要北原，观九十九泉，造石亭，遂之石漠。"[1]经考证，武要北原为今天乌兰察布市的灰腾梁，其上分布有九十九泉，于是灰腾梁西南的三道营古城，应即西汉定襄郡武要县兼东部都尉治所[2]。

二　考古学研究

考古学研究对于复原汉代云中郡与定襄郡的行政建制，可从两个方面起到重要作用。一方面，考古调查可以复原汉代云中郡与定襄郡的长城防御体系，两郡部都尉所在县邑的分布，与长城关系密切；另一方面，考古调查可找

1.《魏书》卷2《太祖纪》，中华书局，1974年，第43页。

2. 李兴盛：《内蒙古卓资县三道营古城调查》，《考古》1992年第5期。

到汉代云中郡与定襄郡辖区内的全部汉代古城，从而了解它们的形制与规模，部分古城经考古发掘之后，有可能为判定城名提供重要考古学证据。

西汉时期构筑的云中郡与定襄郡长城，由西向东主要有四道，分别为阳山汉长城、阴山汉长城、九十九泉汉长城、蛮汉山汉长城。阴山汉长城加筑沿用了战国赵北长城，东起乌兰察布市卓资县旗下营镇西侧的察哈少山，西至呼和浩特市土默特左旗哈素海北侧的西白石头沟，分别归属云中郡东部都尉、中部都尉管辖；从西白石头沟向南，通过哈素海直至南流黄河东岸，属于云中郡西部都尉的防区，虽没有修筑长城墙体，但以河流作为水险，河流东岸的亭障等长城防御设施齐备。

从察哈少山向东北，进入了定襄郡防区，阴山汉长城通过旗下营小平原，一直延伸至灰腾梁之上，形成九十九泉汉长城。九十九泉汉长城墙体围绕九十九泉转了一圈之后，向东南下梁，终止于白银河上源一带。蛮汉山汉长城北起三道营古城西侧的大黑山西南麓，通过大黑山半山腰绕了一圈，将三道营古城包围起来，随后沿着蛮汉山山脊向南延伸，穿山越谷，直至乌兰察布市凉城县永兴镇境内的南老虎山北麓。从目前的调查结果来看，蛮汉山汉长城与九十九泉汉长城并不能够连接起来，九十九泉汉长城归属定襄郡东部都尉管辖，蛮汉山汉长城由北向南分别归属定襄郡东部都尉、中部都尉、西部都尉管辖。

至于阳山汉长城，位于阴山汉长城之北的大青山北坡，东起呼和浩特市新城区坡根底村东侧，西至呼和浩特市武川县马鞍山，属于云中郡的次边长城，称作云中塞。云中塞为单纯的军事辖区，不设县邑，由云中郡太守直接进行军事管理。

目前，经过正式考古发掘的汉代古城，有呼和浩特市新城区陶卜齐古城、赛罕区二十家子古城、玉泉区沙梁子古城、托克托县古城村古城、和林格尔县土城子古城、清水河县城嘴子古城等。陶卜齐古城发掘出土有一件刻划“安陶”字样的空心砖，成为该古城属定襄郡安陶县的重要证据，同时纠正了《汉书·地理志》作“定陶”的讹误[1]。古城村古城出土有“云中”戳印陶文，从而认定为云中郡云中县，由战国时期赵武灵王所筑云中城沿用而来。当然，用戳印陶文来考证郡县名，并非完全可靠，如托克托县黑水泉遗址出土有“武泉”戳印陶文[2]，但该遗址并非秦汉武泉县，而是一座名为“武泉”的大型陶器作坊。包头地区广泛出土“石门”戳印陶文，表明这些陶器均来自于“石门窑”。

土城子古城、城嘴子古城虽经发掘，但均未发现考证城名的直接证据，前者为成乐县，后者为桐过县，均是通过《水经注》的记载得出的。二十家子古城的出土物较为特殊，有大量封泥，钤印有“安陶丞印”“定襄丞印”“平城丞印”“武进丞印”“都武丞印”等[3]。二十家子古城的发掘，看来是挖到了一个存放文书的档案库，这些封泥都是其他县发来的文书封印。封泥上的县邑，多为定襄郡属县，这也在一定程度上表明二十家子古城亦属定襄。再结合《水经注》的记载，大黑河畔有武皋县，封泥中不见“武皋丞印”，这样二十家子古城为西汉定襄郡武皋县便八九不离十了。再者，武皋县为定襄郡中部都尉驻地，二十家子古城位于蛮汉山汉长城以西，位置居中，可信度又增加了一层。沙梁子古城的发掘出土物，难觅城名信息，其虽位于大黑河北岸，却不见于《水经注》记载，最后只能靠推测了。

---

1. 内蒙古文物考古研究所：《呼和浩特市榆林镇陶卜齐古城发掘简报》，《内蒙古文物考古文集》第二辑，中国大百科全书出版社，1997年。

2. 内蒙古自治区文物考古研究所、托克托县博物馆：《托克托县黑水泉遗址发掘报告》，《内蒙古文物考古文集》第三辑，科学出版社，2004年。

3. 张郁、陆思贤：《呼和浩特市郊区二十家子汉代城址出土的封泥》，《内蒙古文物考古文集》第一辑，中国大百科全书出版社，1994年。

三　历史地理学研究

将历史记载与考古学成果有机结合起来，采用历史地理学的方法作综合分析，才有可能完全复原汉代云中郡与定襄郡属县治城。

分析考古调查成果，初步可见，汉代云中郡与定襄郡属县的分布，主要集中于以下五个区域：第一个区域，大青山山前，自东向西调查有呼和浩特市新城区塔利古城、回民区坝口子古城、土默特左旗毕克齐古城、平基古城；第二个区域，大黑河沿岸，自东向西调查有乌兰察布市卓资县三道营古城、不浪沟古城、呼和浩特市新城区陶卜齐古城、赛罕区二十家子古城、八拜古城、玉泉区沙梁子古城、托克托县古城村古城；第三个区域，呼和浩特平原与黄土丘陵区之间的过渡地带，自东向西调查有乌兰察布市凉城县左卫窑古城、呼和浩特市赛罕区西梁古城、和林格尔县土城子古城；第四个区域，浑河沿岸，自东向西调查有乌兰察布市凉城县板城古城、呼和浩特市和林格尔县榆林城古城、清水河县城嘴子古城；第五个区域，南流黄河两岸，自北向南调查有呼和浩特市托克托县哈拉板申西古城、哈拉板申东古城、鄂尔多斯市准格尔旗城壕古城、清水河县拐子上古城。

第一个区域的县邑，《水经注》记载东流黄河北岸有咸阳县，可对应最西端的平基古城。剩下的三个县，两个必定是云中郡东部都尉、中部都尉治所，管理阴山汉长城一线防务。东部都尉与中部都尉不可能紧挨在一起，坝口子古城居中，这样只能是塔利古城对应陶林县兼东部都尉治所，毕克齐古城对应北舆县兼中部都尉治所。云中郡东部都尉的塞道应在哈拉沁沟，中部都尉的塞道应在抢盘河河谷，《汉书·匈奴传》中提到的云中郡关塞有益寿塞、葛邪塞，可与哈拉沁沟、抢盘河河谷相对应。再结合《水经注》记载，北舆县东有武泉县，这样坝口子古城即为武泉县治所，该古城也应该是云中郡东部都尉、中部都尉在阴山汉长城一线防区的分界点。

第二个区域的县邑，已知三道营古城为武要县、陶卜齐古城为安陶县、二十家子古城为武皋县、古城村古城为云中县。结合《水经注》记载，大黑河畔、武皋县西有原阳县，可对应八拜古城。最后，不浪沟古城、沙梁子古城，留待下文分解。

第三个区域的县邑，除土城子古城为成乐县外，左卫窑古城、西梁古城均难以考证。

第四个区域的县邑，板城古城位于蛮汉山汉长城南端，应为定襄郡武进县治所兼西部都尉所在。《汉书·地理志》记曰："武进，白渠水出塞外，西至沙陵入河。"板城古城旁侧的坝底河为浑河上游支流，与汉代的白渠水、今天的什拉乌素河不属于同一河流。但板城古城作为定襄郡西部都尉治所，沟通今天凉城县与呼和浩特平原之间的石匣子沟是当时西部都尉治下的塞道。石匣子沟中的小河今天已断流，历史上应为什拉乌素河的上游支流，《汉书·地理志》认为它是白渠水的源头所在。榆林城古城附近曾发掘著名的和林格尔东汉壁画墓，壁画中有"武成"榜题，由此将其对应于武成县，明代加筑为玉林卫。城嘴子古城位于浑河入黄河口处，与榆林城古城之间相距较远，二者之间还应分布有一县，应为骆县。武城、骆、桐过三县为西汉定襄郡最靠南的三座县邑，到东汉则成为南迁定襄郡最靠北的三座县邑，三者同位于浑河一线无疑。汉代的骆县旧址已不存，初步推断明代云川卫旧址、今和林格尔县大红城古城之下叠压的汉代遗址，为骆县故城。

第五个区域，南流黄河东岸，自北向南调查有呼和浩特市托克托县哈拉板申西古城、哈拉板申东古城、清水河县拐子上古城，再向南，城嘴子古城位于浑河入黄口处，城壕古城则是云中郡唯一位于黄河西岸的一个县城。大黑河、什拉乌素河均在哈拉板申西古城、哈拉板申东古城的西侧入黄河，两河河道交错，形成七星湖，七星湖即为汉魏时期的沙陵湖。哈拉板申西古城为秦代沙陵县，汉代为避水患，将县城向东迁移，所以哈拉板申东古城为汉代沙陵县。拐子上古城为桢陵县，秦代始建，汉代沿用，西汉兼为云中郡西部都尉治所。拐子上古城的黄河对岸，还有归属云中郡管辖的沙南县，即城壕古城。

至此，西汉云中郡11县，已确定9县治城，唯余犊和、阳寿二县。《隋书·地理志》记载，隋代榆林郡之下有阳寿县，后改名为金河县[1]。隋榆林郡郡治在今准格尔旗十二连城古城，阳寿县必在南流黄河沿岸一带。于是，位于黄河东岸的托克托县蒲滩拐古城，只能加给阳寿县了，而沙梁子古城只有犊和县可对应了。西汉云中郡11县，到东汉废治的，除最东北的陶林县外，再就是这两县了（附表一）。

今天的历史地理学者通过对张家山汉简《二年律令·秩律》的研究，西汉吕后二年（前186年），云中郡下辖14县，依次为云中、九原、咸阳、北舆、南舆、河阴、曼柏、莫黖、西安阳、桢陵、沙陵、原阳、武泉、博陵。到西汉中晚期，这些县治在《汉书·地理志》中分属于云中、五原、西河三郡，其中云中郡依旧管辖云中、咸阳、北舆、桢陵、沙陵、原阳、武泉等7县。这些变化说明，《汉书·地理志》中的云中郡11县，陶林、犊和、阳寿、沙南等4县设置较晚，除沙南县因位置特殊而在东汉依旧予以保留外，其他三县均于东汉废治。

据《史记·秦始皇本纪》记载，秦始皇三十三年（前214年），"自榆中并河以东，属之阴山，以为三十四县，城河上为塞。"[2]《史记·匈奴列传》记同事云："后秦灭六国，而始皇使蒙恬将十万之众北击胡，悉收河南地。因河为塞，筑四十四县城临河，徙谪戍以充之。"[3]究竟是三十四县还是四十四县，《史记》有歧记，后来的研究者也莫衷一是。张家山汉简《二年律令·秩律》记载的吕后二年云中郡14县，部分应沿袭自秦始皇三十三年所设之县。秦代所设

1.《隋书》卷29《地理志》，中华书局，1973年，第813页。

2.《史记》卷6《秦始皇本纪》，中华书局，1959年，第253页。

3.《史记》卷110《匈奴列传》，中华书局，1959年，第2886页。

之县，分别归属云中郡、九原郡管辖。到西汉中晚期，这些县治在《汉书·地理志》中分属云中、五原、西河三郡。依此初步推断，秦代云中郡管辖的可能有云中、桢陵、沙陵、原阳、武泉等县，九原郡管辖的可能有九原、河阴、曼柏、莫䵣、南舆、西安阳、博陵等县。

如果上述推测成立的话，秦代云中郡所属5县的分布也是非常有规律的：分布于大青山山前的为武泉县；分布于大黑河沿岸的有3县，由东向西依次为原阳、云中、沙陵；分布于黄河沿岸的有桢陵一县。这样，秦代云中郡沿用的战国赵北长城虽然东至今卓资县卓资山镇附近，但设置的县治集中于呼和浩特平原，即使在呼和浩特平原以南、以浑河流域为中心的黄土丘陵区，秦朝亦尚未设立行政建制。

西汉定襄郡12县，已确定8县治城，余定襄、复陆、都武、襄阴4县待考。武进、成乐、定襄三县，东汉均归属于云中郡，表明这三县位于东汉云中郡的东南一带，在东汉定襄郡浑河三县以北，武进靠东、成乐居中、定襄应偏西。今托克托县黑城古城，为明代镇虏卫治所，其叠压的汉代遗址，或即汉代定襄县故城。明代的镇虏、云川、玉林三卫所，均是建于汉代县城之上，玉林卫下的汉城还见有原城南墙的一小部分，其他二卫则均不见汉代城垣，仅散布有汉代陶片。

西汉定襄郡辖区内调查的汉代古城，还有不浪沟古城、左卫窑古城、西梁古城，这三座古城如何与定襄、复陆、都武三县对应呢？西梁古城是一个交通要地所在，推测为复陆县。不浪沟古城位置偏北，北邻大黑河，西望斗金山，大黑河北为东西狭长的平顶山。定襄郡一名的“襄”字，为“辟地有德”之意。不浪沟古城位于定襄郡的北端，或可对应于襄阴。最后，左卫窑古城只能对应都武县了。

武要、襄阴、定陶、武皋、复陆、都武六县，东汉均废治，它们均位于西汉定襄郡的北部。依照东汉的变化，西汉定襄郡12县可分北部6县、中部3县、南部3县。到东汉，北部6县废治，中部3县归属于云中郡，南部3县仍归属于南迁的定襄郡。东汉定襄郡的郡治，已进入到今山西省境内，西汉归属雁门郡的善无、中陵二县，东汉划归于定襄。善无、中陵二县县治所在，已超出了本文的探讨范围，兹不赘述（附表二）。

四　治城特点

分布于同一个区域范围之内的西汉县城，相互之间的直线距离，一般均在10千米之上，以20 ~ 30千米者居多，最大一般不会超过40千米。

县邑的规模，郡治并不特殊，而是部都尉治所最具规模。战国秦汉时期的云中郡云中县城垣均破坏无存，今天古城村古城所见城垣主要为北魏建筑，西南小城为金代宁仁镇。土城子古城南城为汉代成乐县，平面大致呈长方形，南北长550米，东西宽520米。其他普通县城，也大都是土城子古城的这个规模。分别作为西汉云中郡东部都尉治所、西部都尉治所及定襄郡东部都尉治所、中部都尉治所的塔利古城、拐子上古城、三道营古城、二十家子古城，规模均较大，有的为内、外城或南、北城的双重城形制。城墙之上的防御设施仅见角台，不见马面、瓮城等。三道营古城城墙之上的马面、瓮城均为北魏时期加筑。也就是说，到北魏时期马面与瓮城才开始普遍应用于城防之上。

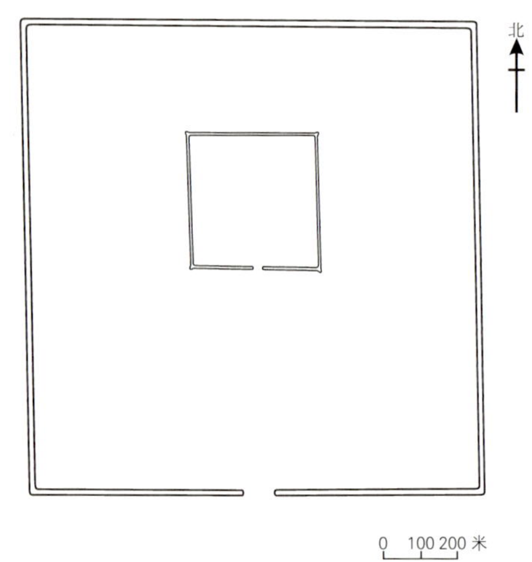

图一
塔利古城平面图

1. 塔利古城　位于呼和浩特市新城区毫沁营镇塔利村北500米处。分为内、外两城，墙体均为夯筑而成，底宽10 ~ 15米，残高1.5 ~ 3米。外城平面近正方形，东西长1260、南北宽1245米。南墙中部开门，宽约70米，方向为173°。内城位于外城中部偏北处，平面近正方形，边长约350米。内城城墙四角有凸出的角台残迹，南墙中部开门，宽约27米（图一）。城内地表散布大量陶片及板瓦、筒瓦残片，陶片的绳纹装饰和内腹饰菱形格纹、外壁饰粗绳纹的板瓦，均具有明显的汉代特征。

2. 拐子上古城 位于呼和浩特市清水河县喇嘛湾镇拐子上村东侧山梁的西坡上，西临南流黄河。黄河东岸群山环绕，西岸高原平坦，河西岸有一支流，自西而东汇入黄河，形成较宽的岸畔，宜于行旅摆渡，水陆交通十分便利，地理位置甚为重要。

古城平面呈不规则的“彐”形，城内地势东高西低，现存北、东、南三面城墙，西面依河为屏，原来可能就没有修筑城墙。北墙依山折为三段，全长1145米；墙体上有1座马面，长约10米，伸出墙外约12米。东墙长220米，两侧与北墙、南墙的结合部位均建筑有角台，角台均长约10米，伸出墙外约12米；墙体中部偏北处有一缺口，有石柱础暴露，地表散布板瓦等遗物，应为一处门址。南墙依山势折为两段，全长500米；墙体北侧有一处缺口，疑为门址。古城中部有一道东北—西南向隔墙，长320米，将古城分为东、西二城。古城城墙基宽大体在7.5～8米，残高5～7米，版筑分段明显，夯层厚约9厘米。夯筑用土有红色胶泥与黄色胶泥两种，内含细砂、小石子等，极其坚实。古

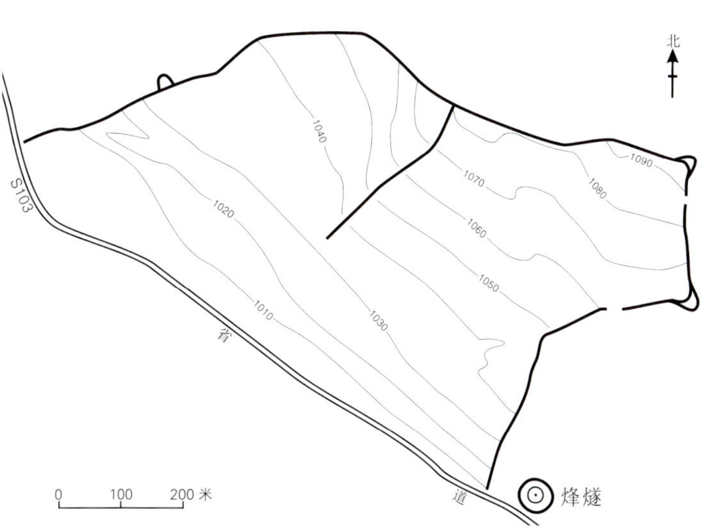

图二
拐子上古城平面图

城东南角外有一座烽燧（图二）。

1983年，在修筑呼和浩特市至准格尔旗公路时，于古城内发现10件青铜兵器，为此，乌兰察布盟文物工作站对该古城进行了全面调查[1]。这10件青铜兵器包括戈4件、矛6件，其上刻有“相邦吕不韦三年”“相邦吕不韦四年”和“廪丘”“中阳”“广衍”“武都”等铭文。古城内出土遗物还有陶器和建筑材料等，陶器包括釜、瓮、罐、壶、盆、碗等，建筑材料有板瓦、筒瓦等，包含了秦、汉两个时期的遗物。

3.三道营古城 位于乌兰察布市卓资县梨花镇土城村，北依大黑山，西南望小平顶山，东西为大黑河河谷地带，城址坐落于大黑河及其一条叫韭菜沟的季节性支流交汇处的台地之上，形成控扼河谷地带的态势，南侧有110国道穿过。

古城分东、西两城。西城又分为南、北两城，北城西北角另有一座小城。西城东墙长570米，西墙长670米，南墙长495米，北墙东段长200米，西段（小城北墙）长280米。西城内南城与北城之间的东西向隔墙位于南墙向北230米处，东西向隔墙长495米。城墙均为夯

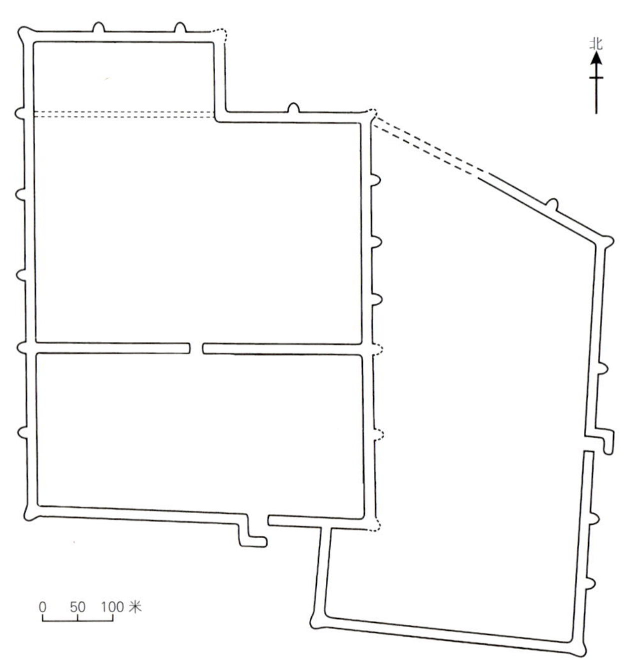

图三
三道营古城平面图

1.乌兰察布盟文物工作站：《内蒙古清水河县拐子上古城发现秦兵器》，《文物》1987年第8期；乌兰察布盟文物工作站：《清水河县拐子上古城调查》，《内蒙古文物考古》1991年第1、2期。

土筑就，保存较好者底宽8 ~ 10、残高6 ~ 8米，夯层厚10 ~ 15厘米。在小城南部与北城之间原亦应有隔墙，由于农田耕种，现仅呈现为略高于地表的土垄。东墙、西墙之上各有马面5座，其中东墙南段的2座马面损毁严重；北墙东段有马面1座，西段有马面2座；南城与北城之间的东西向隔墙上不见马面。西城的东南、东北、西南三角以及小城的东北、西北角均有角台。西城南墙东段开门，门址宽10米，方向185° ；外筑正方形瓮城，边长30米；瓮城门向东开，宽12米，方向100° 。隔墙中部亦有一座门址，宽8米，方向185° 。

东城西墙大部分借用了西城的东墙，另有一小段与西城南墙相接，平面总体呈不规则四边形，东墙长570米，南墙长380米，北墙长330米，与西城南墙相接的一小段西墙长130米。城墙夯筑而成，东墙保存最好，底宽8 ~ 10米，残高5 ~ 8米，夯层厚15 ~ 17厘米；南墙上有近现代民居建筑于其中，保存稍差；北墙西段被大黑河河水冲毁。东墙上完整保留有马面3座，北墙残存马面1座，南墙马面已无存。东北、东南、西南三角各有一角台。东墙中部开门，宽10米，方向100° ；外筑长方形瓮城，南北长45米，东西宽30米；瓮城门向南开，宽14米，方向185° （图三）。

城内遗迹遗物主要分布于北城，西北角有两处院落基址，院落南部有两座高台建筑基址，地表散布有建筑构件和陶片等。建筑构件有绳纹砖、板瓦、筒瓦、卷云纹瓦当等，陶器有釜、罐、盆、钵、豆、甑等。东城地表几乎不见任何遗物。

西城城墙大体同东城一样，保存的较为高大。但从古城的布局来看，西城明显早于东城。西城城墙马面的夯土中包含陶片较多，夯土土质与城墙夯土亦有所差异，可见西城城墙与其上马面并非同一时期遗存。西城的年代主要在西汉时期，考证为西汉定襄郡武要县县治，同时为定襄郡东部都尉治所；东汉废治。作为西汉定襄郡东部都尉，出塞的塞道为向东的大黑河一线，在卓资山镇大黑河北岸的东山顶之上，调查有塞外障 —— 桌子山障城。

从西城中散布的少量北魏遗物来看，北魏时期曾对西城作了沿用，加筑了西城城墙之上的马面，并新建了东城。初步推断，加筑沿用西城并新筑东城发生于北魏泰常八年（423年）之后，从此年开始，北魏在燕山至阴山以南一线、东起赤城西至五原修筑了一系列军事戍城，三道营古城为其中之一，或名为武要城。

4.二十家子古城 位于呼和浩特市赛罕区黄合少镇二十家子西滩村东，四面环山，大黑河上游东支及北支经城南汇流西去。

古城分为内、外两城，内城位于外城的西南部，内城的西、南两面城墙与外城共享。外城平面近正方形，边长540米，东南角略凸出；内城平面近正方形，边长350米。外城四墙均有门址，但并不对称（图四）。内城发现有官署、仓储、窖穴、窑址和冶铁遗址等，出土了铜镞、弩机、半两钱、铁戟、铁甲片等遗物和“安陶丞印”“定襄丞印”“平城丞印”“武进丞印”“都武丞印”等封泥。

清代从张家口通往归化城的张家口驿站，在二十家子古城附近设有和林格尔驿站，从和林格尔驿站向东经石人湾、大榆树的驿道，也是汉代定襄郡中部都尉的塞道所在。《汉书·地理志》记曰：“武皋，荒干水出塞外，西至沙陵入河。”作为西汉定襄郡中部都尉，从石人湾东来的河流，在汉代被看作是荒干水的上源。

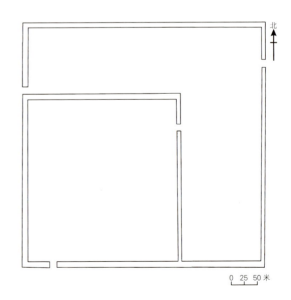

图四
二十家子古城平面图

五　余论

汉代云中郡、定襄郡属县治城大体可作如上考证，汉代五原郡、朔方郡属县治城也大体可考，只是黄河南岸的部分县城遭水毁严重，今天已难觅原迹。《汉书·地理志》载西河郡有36县，东西横跨南流黄河、战国秦长城，直至北流黄河东岸，向南可能至鄂托克前旗秦长城一线，北至新民堡秦长城东西一线。到东汉，《后汉书·郡国志》载西河郡仅余13县。东汉时期，西河郡收缩至战国秦长城以东，原战国秦长城以西的县份，除大成县归属于朔方郡外，其余均撤治。东汉撤治的西河郡22县，大部分应为战国秦长城以西县份；也可以说，《后汉书·郡国志》记载的西河郡13县，不可能位于战国秦长城以西。战国秦长城以西的西汉西河郡属县，《水经注》无载，仅凭单纯的考古调查与发掘材料，考证难度极大。

如西汉西河郡大成县的旧址，有多种推测，或认为是鄂尔多斯市杭锦旗古城梁古城[1]，或认为是杭锦旗霍洛柴登古城[2]。大成县到东汉归属朔方郡，改名为大城县，有大城塞。西汉朔方郡下辖10县，东汉减5县，加大城县，共有6县，分布于黄河南河一线。河北三县偏西，自东向西为三封、临戎、沃野；河南三县靠东，自东向西为大城、朔方、广牧。河北三县北临南匈奴，河南三县中的大城县应北距东流黄河不远，位于沃野县与朔方县之间，形成由北向南防御的大城塞。大城塞向东，与新民堡秦长城、榆溪塞秦长城、战国秦长城及鄂托克前旗秦长城东西一线，构成了东汉郡县与归附的西河羌胡部族之间的一条农牧分界线。如果将大成县认定为古城梁古城或霍洛柴登古城，

1. 李零：《陕北笔记（下）——读〈汉书·地理志〉西河郡》，《我们的中国》第三编《大地文章：行走与阅读》，生活·读书·新知三联书店，2016年。

2. 艾冲：《鄂尔多斯高原西汉时期西河郡属县治城位置新考》，《西夏研究》2016年第2期。

位置均太偏南，到东汉根本无法与朔方郡其他五县联系起来。

2017年夏天，笔者在杭锦旗巴音乌素镇赛音布拉格嘎查牧民的指引下，发现了被流沙掩埋的赛音布拉格古城，初步推断应即大成县治所。这样，西汉西河郡大成县，分布于东流黄河以南偏西北一带，其西南方向的北流黄河东岸有广田县（今乌海市海勃湾区新地古城）。东汉的大城塞，西起北流黄河东岸，东接新民堡秦长城，二者将东流黄河南岸的沿黄平原包围了起来，东汉朔方郡河南三县与东汉五原郡河南西部县邑均包纳其中，形成由北向南的防御态势。

将历史学与考古学结合起来，采用历史地理学的方法研究区域政区地理，侯仁之先生早年的系列研究成果，可以说是成功的典范。如《乌兰布和沙漠的考古发现和地理环境的变迁》一文，对汉代朔方郡部分县治的推定，至今仍是经典。如果不遵循基本的研究方法，以想象替代实地调查与严密考证，是难以得出经得住检验的结论的。

附表一　西汉云中郡县邑列表

序号	县名	今址	位置	战国秦汉时期沿革	备注
1	云中	古城村古城	今呼和浩特市托克托县古城镇古城村西侧	战国赵云中郡郡治，秦代、两汉沿用，秦始皇三十三年设云中县，莽曰远服	拓跋代国建云中之盛乐宫，北魏设云中镇；隋开皇二十年（600年），隋文帝为突厥启民可汗修筑金河、定襄二城居住，定襄城即建于此；唐代又为突厥阿史那思摩可汗牙帐；辽代先后为胜州、云内州宁仁县治所，金代降为宁仁镇
2	咸阳	平基古城	今呼和浩特市土默特左旗把什乡平基村北侧	莽曰贲武，东汉沿用	见于张家山汉简《二年律令·秩律》
3	陶林	塔利古城	今呼和浩特市新城区毫沁营镇塔利村北侧500米	西汉云中郡东部都尉治，东汉废治	

续表

序号	县名	今址	位置	战国秦汉时期沿革	备注
4	桢陵	拐子上古城	今呼和浩特市清水河县喇嘛湾镇拐子上村东侧	始建于秦始皇三十三年，为云中郡桢陵县；两汉沿用，西汉时为云中郡西部都尉治，莽曰桢陆，东汉改称箕陵	见于张家山汉简《二年律令·秩律》，名为旗棱；《汉书·地理志》：缘胡山在西北
5	犊和	沙梁子古城	今呼和浩特市玉泉区小黑河镇沙梁子村西侧	东汉废治	
6	沙陵	哈拉板申东古城	今呼和浩特市托克托县双河镇哈拉板申村东北	始建于秦始皇三十三年，为云中郡沙陵县，治所在哈拉板申西古城；西汉改治于哈拉板申东古城，莽曰希恩，东汉沿用	见于张家山汉简《二年律令·秩律》
7	原阳	八拜古城	今呼和浩特市赛罕区金河镇八拜村东侧	始建于秦始皇三十三年，为云中郡原阳县，两汉沿用	见于张家山汉简《二年律令·秩律》；295年，拓跋代国三分后，猗卢一部"居定襄之盛乐故城"，即为此城
8	沙南	城壕古城	今鄂尔多斯市准格尔旗大路镇城壕村	东汉沿用	东汉亦名兰池城，顺帝阳嘉四年（135年），乌桓围度辽将军耿晔于此
9	北舆	毕克齐古城	今呼和浩特市土默特左旗毕克齐镇大古城村南	西汉云中郡中部都尉治，东汉沿用	见于张家山汉简《二年律令·秩律》
10	武泉	坝口子古城	今呼和浩特市回民区攸攸板镇坝口子村东南	始建于秦始皇三十三年，为云中郡武泉县，两汉沿用，莽曰顺泉	见于张家山汉简《二年律令·秩律》，北魏中后期加筑沿用为白道城
11	阳寿	蒲滩拐古城	今呼和浩特市托克托县中滩乡蒲滩拐村西	莽曰常得，东汉废治	隋开皇二十年（600年），隋文帝为突厥启民可汗所筑金河城即建于西汉阳寿县故城之上

附表二　西汉定襄郡县邑列表

序号	县名	今址	位置	战国秦汉时期沿革	备注
1	成乐	土城子古城	今呼和浩特市和林格尔县盛乐镇上土城村北1千米	西汉定襄郡郡治，始建于汉高祖十一年（前196年），东汉改属云中郡	古城分为南、中、北三城，其中南城为汉城，中城为北魏朔州云中郡治所，北城为唐代单于大都护府治所；辽金元时期继续沿用此城，先后为辽代丰州振武县、金元丰州振武镇
2	桐过	城嘴子古城	今呼和浩特市清水河县小缸房乡城嘴子村西侧	莽曰椅桐，东汉沿用	
3	都武	左卫窑古城	今乌兰察布市凉城县蛮汉镇左卫窑村北侧	莽曰通德，东汉废治	
4	武进	板城古城	今乌兰察布市凉城县永兴镇板城村东侧	西汉定襄郡西部都尉治，莽曰伐蛮，东汉改属云中郡	《汉书·地理志》：武进，白渠水出塞外，西至沙陵入河
5	襄阴	不浪沟古城	今乌兰察布市卓资县旗下营镇不浪沟村北侧	东汉废治	
6	武皋	二十家子古城	今呼和浩特市赛罕区黄合少镇二十家子西滩村东	西汉定襄郡中部都尉治，莽曰永武，东汉废治	《汉书·地理志》：武皋，荒干水出塞外，西至沙陵入河
7	骆	大红城古城	今呼和浩特市和林格尔县大红城乡大红城村南侧	莽曰遮要，东汉沿用	明代早期改筑为云川卫治所
8	安陶	陶卜齐古城	今呼和浩特市赛罕区榆林镇陶卜齐村东侧	莽曰迎符，东汉废治	《汉书·地理志》误作定陶
9	武城	榆林城古城	今呼和浩特市和林格尔县新店子镇榆林城村北侧	莽曰桓就，东汉沿用	《汉书·地理志》作武城，《后汉书·郡国志》作武成，和林格尔汉墓壁画榜题亦作武成；明代早期改筑为玉林卫治所

续表

序号	县名	今址	位置	战国秦汉时期沿革	备注
10	武要	三道营古城	今乌兰察布市卓资县梨花镇土城子村	西汉定襄郡东部都尉治，莽曰厌胡，东汉废治	西城为汉城，北魏加筑了东城，并对西城作了沿用。
11	定襄	黑城古城	今呼和浩特市托克托县新营子镇黑城村	莽曰著武，东汉改属云中郡	明代早期改筑为镇虏卫治所
12	复陆	西梁古城	今呼和浩特市赛罕区黄合少镇西梁村北侧	莽曰闻武，东汉废治	

第一二章

白道与白道岭

白道、白道岭之名，出自于《水经注·河水三》的记载：“芒干水又西南迳白道南谷口，有城在右，萦带长城，背山面泽，谓之白道城。自城北出有高坂，谓之白道岭。沿路惟土穴，出泉，挹之不穷。”[1]

依照《水经注》，在今呼和浩特市大青山蜈蚣坝山脚下的坝口子村，依然可见白道城的断壁残垣。今天考察北魏白道的路线，应是从坝口子古城顺着山间谷地向西北而行，在焦赞坟遗址（金元渔阳关旧址）附近向西上山，顺着山脊北行至蜈蚣坝坝顶，再由此下山，这一道南北向山岭即为《水经注》记载的白道岭；过蜈蚣坝依然为白道，首先顺着今天坝顶村村中的一条东西向沟谷西行而下，进入乌素图沟，再顺着乌素图沟东岸向北而去，经由什尔登口子进入武川盆地。白道，大体是这一条翻越大青山道路的泛称；流经乌素图沟的河流今名乌素图水，《水经注》称之为白道中溪水。

在白道南谷口，分布有战国赵北长城。在白道岭之上，横亘有一道东西向的汉长城，东起红山口沟，西至乌素图沟，对白道岭形成整体控扼之势，称之为白道岭塞墙。白道岭塞墙墙体总长4808米，包括土墙1939米，石墙2300米，消失墙体569米；墙体沿线调查障城1座、烽燧16座（图一～三）。该长城沿线相邻烽燧间距较小，多在200 ～ 300米。

白道岭塞墙东侧分布有二道洼障城，位于长城墙体南侧的山脊之上，具体形制已破坏不清，地表散布大量陶片、板瓦、筒瓦等。白道岭塞墙西侧的

1.《水经注》卷3《河水》，陈桥驿校证本，中华书局，2007年，第79页。

山顶之上，墙体南侧分布有北魏时期的白道岭圜丘（图四）。白道岭圜丘位于大青山山巅之上，是白道翻越蜈蚣坝的必经之地。

图一

此后直至隋唐时期，这条道路一直以“白道”为名，山前的呼和浩特平原亦称白道川。辽金元时期，蜈蚣坝名为渔阳岭，渔阳岭下有渔阳关，故址即今呼和浩特市回民区焦赞坟遗址。金代元光二年（1223年），长春真人丘处机从西域归来，曾夜宿渔阳关，第二天东行五十余里到丰州[1]。丘处机翻越大青山，走的就是白道一线。

图二

到民国年间，翻越蜈蚣坝的道路仍是归化城通往山后的交通要道，但极为难走，路面狭窄，坡度大，转弯多，又崎岖不平。尤其是冬季降雪后，山高路滑，汽车、马车过蜈蚣坝，常常滚下山去，客旅行商的生命财产遭受的损失很大，他们将蜈蚣坝视为畏途。

图一
白道岭塞墙东端起点，起点东邻红山口沟（西—东）
图二
白道岭塞墙沿线烽燧（东南—西北）

1.（元）李志常：《长春真人西游记》，《古西行记选注》，宁夏人民出版社，1987年，第226页。

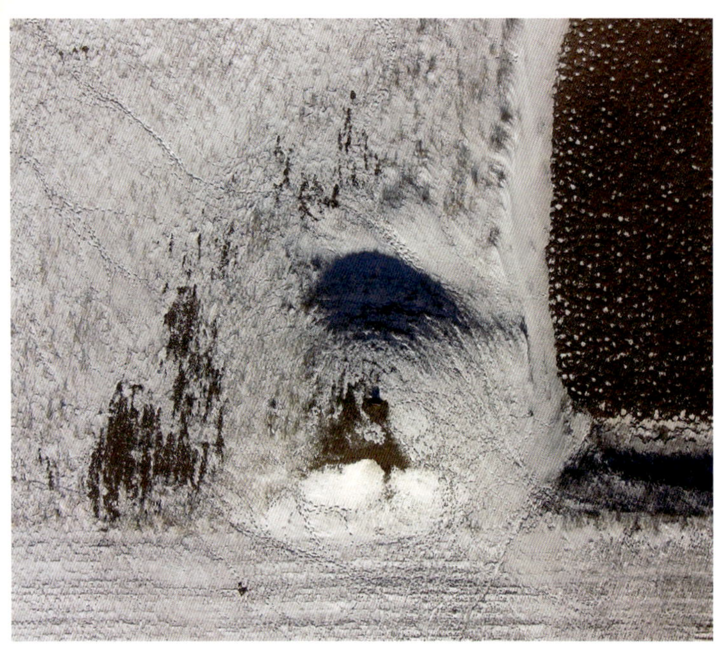

图三

图四

1926年春，当时作为绥远全区警务处处长的吉鸿昌将军，亲自主持修建了这条道路。他亲率所辖骑兵团、补充第四旅一个团和绥远都统署手枪营开赴坝口子、乌素图扎营，与官兵们同吃同住同劳动，在很短的时间内便修好这条道路。为了纪念这次修路工程，他亲书“化险为夷”四个大字，凿刻于蜈蚣坝山北公路右侧石崖上。

这处石刻至今仍保存完好，位于武川县大青山乡马家店村东500米，系将天然山岩磨光凿刻而成。刻面为长方形，高约2.65米，宽约1.45米，底边距地面约2.5米。石刻书写形式为竖写双线阴刻，上款为“中华民国十五年五月谷旦勒、修筑蜈蚣坝道路工成纪念”，下款为“绥远全区警务处处长吉鸿昌题”，中间为“化险为夷”四个大字（图五）。石刻东侧沟谷内，至

图三
白道岭塞墙沿线烽燧航拍图（上为北）
图四
北魏白道岭圜丘航拍图（西—东）

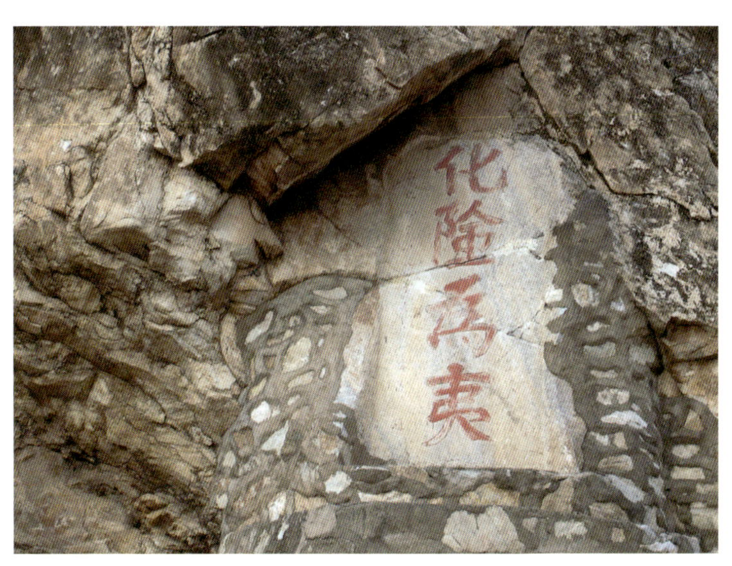

图五

今仍存当时的道路遗迹（图六）。石刻西侧的乌素图沟东侧山坡上，可见一道土石混筑的汉代当路塞墙体（图七）。

白道从古至今在沟通大青山南北交通上的地位很重要，导致今天很多研究者言必称白道。实际上，白道西侧的抢盘河河谷、东侧的哈拉沁沟，也是古代车道所在。从抢盘河南谷口向南，自战国赵武灵王时期起，即在大黑河畔设置了云中郡，为秦汉所沿袭；在汉代，南谷口还设置有云中郡北舆县（今呼和浩特市土默特左旗毕克齐古城），同时为云中郡中部都尉治所，抢盘河是中部都尉出塞的塞道。北魏又于战国秦汉云中郡旧址建云中镇，今天位于呼和浩特市托克托县的古城村古城，包含了战国秦汉至北魏多个时代的遗存，现存城垣主要为北魏遗迹。北魏云中镇除管辖呼和浩特平原之外，还通过抢盘河、白道，管辖山后武川盆地的军务。出抢盘河河谷北口，今呼和浩特市武川县东土城村南侧有一座高大的封土堆，当地人称王墓圪旦，实际上是一座控扼抢盘河北口的北魏烽戍，可命名为东土城烽戍。

辽金元时期，呼和浩特平原有丰州、云内州、东胜州。《金史·地理志·西京路》记载，云内州倚郭柔服县，夹山在城北六十里。辽金元云内州州治为今呼和浩特市托克托县西白塔古城，城北六十里的夹山指示到了抢盘河南谷口。

图五
“化险为夷”石刻

金朝云内州驻守有开远军节度使，管辖支郡东胜州（今呼和浩特市托克托县东沙岗城圐圙古城小黄城）、宁边州（今呼和浩特市清水河县下城湾古城）。把夹山放在云内州之下，主要含义在于，夹山为云内州沟通大青山南北的通道所在，云内州开远军除管领大青山以南对西夏的军事防御之外，还同时管领夹山地区对西夏的军事防御。抢盘河上游、今呼和浩特市武川县有金代的北土城古城，为金界壕西南端的边防城，属于云内州开远军之下的军事性城邑。出夹山向北，进入希拉穆仁河内流水系，已属于丰州天德军支郡净州防区，防御的对象是蒙古诸部。

图六

图七

哈拉沁沟南谷口，东南距呼和浩特市新城区塔利古城约6千米。经考证，塔利古城为西汉云中郡陶林县兼东部都尉治，哈拉沁沟即为西汉云中郡东部都尉塞道。呼和浩特地区曾出土一方元代丰州《甸城道路碑》，原碑今已下落不明，但碑文保留了下来[1]。《甸城道路碑》主

1. 李逸友：《元丰州甸城道路碑笺证》，《元史论丛》第二辑，中华书局，1983年。

图六
考察者行走于吉鸿昌修筑道路之上
图七
乌素图沟当路塞（西南—东北）

要记述了元代延祐年间修筑甸城山谷道路的情形，碑文中称大青山为祁连山，甸城山谷道路位于丰州城北，沟通祁连山山前山后。关于甸城山谷道路，研究者都想当然地认为是白道，实际上仔细推敲，应该指的是哈拉沁沟。碑文中写道："郡北一舍，有环绕之山，名曰祁连，中有捷径故道甸城山谷，比之银瓮迢遥，渔阳险阻，近争一倍，抵天平七十余里。"[1]丰州城为今呼和浩特市赛罕区白塔古城，古城西北距蜈蚣坝坝口子约24千米，西北距哈拉沁沟南谷口约15千米。前文已提到，丘处机从渔阳关东行五十里到丰州，与白塔古城至蜈蚣坝坝口子的里程大体相合。而《甸城道路碑》碑文中的"银瓮迢遥，渔阳险阻"之语，显然表明渔阳关并非甸城山谷，银瓮则可能指抢盘河通道。从西向东，元代的西三州北过祁连山有银瓮、渔阳、甸城山谷三道，将甸城山谷指向了哈拉沁沟。古代行军一宿或三十里为一舍，丰州城与哈拉沁沟南谷口之间的距离亦与一舍大体相合。碑文中祁连山位于"郡北一舍"的描述，当是以哈拉沁沟南谷口作为参照点；丰州"抵天平七十余里"，天平似为位于哈拉沁沟北口附近的一处驿站。

哈拉沁沟北口处，有汉代的什拉哈达障城，形成控扼塞道之势。顺哈拉沁河而上，武川县哈乐镇八道什村东北约500米处，有元代的八道什古城，可能为天平驿。类似的元代古城，在今武川县境内，白道北口处有韩庆坝古城，抢盘河北口处有东土城古城。这些城镇，如清代兴起的今武川县县城可可以力更镇一样，是连接呼和浩特平原与北方草原之间的交通枢纽。

1. 王大方、张文芳编著《草原金石录》，文物出版社，2013年，第170页。

第一三章

石门障

石门障最早见于《汉书·地理志》的记载。西汉五原郡下辖16县，其中稒阳县同时为五原郡东部都尉治所，《汉书·地理志》“五原郡”条“稒阳”下注曰：“北出石门障得光禄城，又西北得支就城，又西北得头曼城，又西北得虖河城，又西得宿虏城。”[1]

北魏郦道元在《水经注》中亦提到石门障，在《水经》的“又东过临沃县南”一句下注曰：“河水又东流，石门水南注之，水出石门山。《地理志》曰：北出石门障。即此山也。”[2]通过《水经注》的这段记载可知，石门障位于石门山中，石门水穿山而过，注入黄河。《水经注》还提到了石门水与西汉临沃县、稒阳县的相对位置关系，二县均位于黄河北岸，临沃县在石门水西，稒阳县在石门水东。

《汉书》和《水经注》对石门障的记载，为研究石门障的第一手资料。后起的史料与石门障相关的，以《清史稿》为代表。《清史稿·地理志》“山西”条“五原直隶厅”下书曰：“有鄂博口，古稒阳道。”《清史稿》的这一记载，可以看作是对石门障地望的注解，提出的观点有两条：其一，石门障位于鄂博口，即今包头市区北面，沟通阴山南北的昆都仑沟；其二，《汉书》石门障及其西北五城的记载，描述的是一条驿道，名为“古稒阳道”。

今人对于石门障的考察与研究，绝大部分将《清史稿》的记载看作信史。郭建中《汉代石门障的考察与分析》一文[3]，对前人关于石门障地望的考证作

1.《汉书》卷28《地理志》，中华书局，1962年，第1620页。

2.《水经注》卷3《河水》，陈桥驿校证本，中华书局，2007年，第78页。

3.郭建中：《汉代石门障的考察与分析》，《内蒙古文物考古》2004年第2期。

了辨析，归结为四种观点：《中国历史地图集》“并州、朔方刺史部”专图将石门障标绘于昆都仑沟南口[1]；王文楚先生认为石门障在昆都仑沟通向大青山的狭口处[2]；李逸友先生认为乌拉特前旗小召门梁障城与石门障有关[3]；刘幻真先生根据固阳县梅令山古城采集陶罐肩部的“石门”字样戳记，认为梅令山古城与石门障有关[4]。郭建中先生归结的四种观点，前两种实际是一种，昆都仑沟南口就是昆都仑沟通向大青山的狭口处；后两种观点中的小召门梁障城、梅令山古城，均已出昆都仑沟，进入山北的明安川。郭建中文对上述三种观点均予以否定，认为石门障既不在昆都仑沟南口，也不在昆都仑沟以北，而是位于昆都仑沟之中，从昆都仑沟南口向北约2.5千米处有昆都仑沟障城，才是石门障所在。

今人对“古稒阳道”的研究，与上述对石门障的研究相类似，首先将石门障定位于昆都仑沟一带，然后将出昆都仑沟之北的一些汉代城障遗址推测为北出石门障五城。

以上无论是对石门障还是对“古稒阳道”的研究，出发点均是《清史稿》的记载，调查结论亦均缺乏确凿的证据。即使如刘幻真先生依据采集陶罐的“石门”字样戳记，将梅令山古城与石门障联系了起来，也是无法令人信服的。据了解，在今包头地区，有“石门”戳记陶器的出土地点很多（图一、二），应是汉代名为“石门”的陶窑生产的陶器输送到了这些地方，梅令山古城只是使用“石门窑”生产陶器的聚落之一。

石门障地望的推定，对《水经注》相关史料的辨析是至关重要的。《水经注》

---

1. 谭其骧主编《中国历史地图集》第二册《秦·西汉·东汉时期》，中国地图出版社，1982年，第17～18页。

2. 王文楚：《从内蒙古昆都仑沟几个古城遗址看汉至北魏时期阴山稒阳道交通》，《复旦学报》（社会科学版）1980年S1期。

3. 李逸友：《汉光禄城的考察》，《内蒙古文物考古》总第3期，1984年。

4. 刘幻真：《石门障今地考》，《包头文物资料》（内部刊物）第二辑，1991年。

图一

图二

对今阴山以南、黄河以北的汉代五原郡属县治城的描述，有许多前后颠倒混乱之处，如果照本宣科，实难与今天在这一区域内发现的汉代古城相对应。但《水经注》提供的这一区域内存在的汉代县城这一线索又是非常珍贵的，如果没有《水经注》的这些记载，我们根本无从着手考证。

汉代五原郡在阴山以南、黄河以北的辖区，大致西起今乌拉特前旗西山嘴，东至今土默特左旗哈素海，东西直线距离达190千米。处于五原郡东西辖区中心地带的麻池古城，是一个重要的基点。古城西邻昆都仑河，分为南北两城，规模较大，周边分布着众多的汉墓群，学术界普遍将其认定为秦代九原郡郡治及汉代五原郡郡治九原县。九原县以西分布有西安阳县、成宜县、宜梁县，可分别对应乌拉特前旗张连喜店古城、三顶帐房古城与达拉特旗二狗湾古城。其中，二狗湾古城在汉代亦位于黄河之北，只不过清代晚期以来由于黄河的改道，现已成为河南之地[1]。九

图一
包头市固阳县阳山秦汉长城邬家边墙壕2号烽燧采集陶釜“石门”戳记
图二
包头市固阳县阳山秦汉长城十三分子2号烽燧采集陶器内底“石门”戳记

1. 莫久愚：《昭君坟、石崖城与达拉特旗段黄河——关于〈中国历史地图集〉相关注记的考疏》，《西部资源》2010年第1期。

原县以东分布有临沃县、稒阳县、塞泉城，可分别对应包头市东河区古城湾古城、土默特右旗大城西古城与东老丈营古城。大城西古城为2015年考古调查新发现，位于土默特右旗大城西乡大城西村中，由于受村庄建设破坏，仅存部分北城墙，据村中老人回忆，古城在他们儿时还存有四面城墙，边长400余米。塞泉城为北魏时期的一座戍城，或沿用自汉代蒱泽县旧址。蒱泽县为西汉五原郡属国都尉治所，其得名或与古哈素海有关，古哈素海在汉代即名为蒱泽。过古哈素海，进入汉代云中郡地界，土默特左旗平基古城为云中郡咸阳县旧址（图三）。

确定了临沃县、稒阳县的旧址之后，石门水的问题便迎刃而解了。在古城湾古城与大城西古城之间，有五当沟流水注入黄河，如此则五当沟才是《水经注》记载的石门水，石门山、石门障均应位于五当沟之中。榆溪塞秦长城过东流黄河之后北对五当沟，秦朝榆中与九原之间的交通，主要经榆溪塞一线，秦代的五当沟是沟通九原与北假中的一条重要通道。到汉代，五原县设置于九原县与临沃县之间的黄河北岸，旧址在今达拉特旗树林召镇大树湾村一带，地表已难觅遗迹。与宜梁县一样，五原县亦是在清代晚期由于黄河改道由黄河北岸转至南岸。五原县在汉代是一个重要渡口所在，这个渡口最早可能开通于秦始皇三十三年以后，王莽时改名为填河亭，北魏继续沿用，称作五原金津。宜梁县在汉代也是

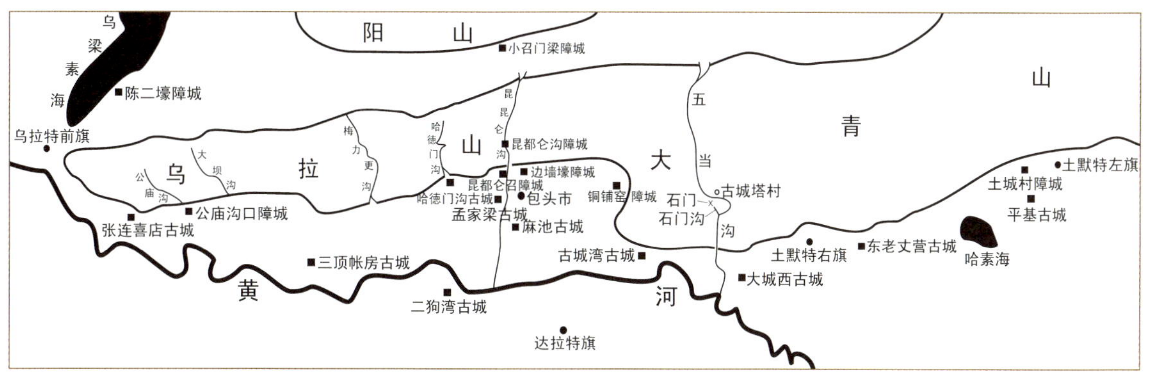

图三
西汉五原郡部分县邑分布示意图

一个渡口所在，汉朝由长安通往九原的直道在宜梁县附近渡河。今天鄂尔多斯地区所谓的“秦直道”，本质上是汉直道；真正的秦直道，起码在今天的鄂尔多斯市境内，是沿着鄂尔多斯战国秦长城、榆溪塞秦长城内侧通行的，或于五当沟以南过黄河，或于汉代五原县附近过黄河。

五当沟北自明安川流入大青山，主要流经包头市石拐区，南至包头市东河区沙尔沁镇注入黄河，全长近90千米，流域面积近1000平方千米，有076县道（亦称沙明公路，东河区沙尔沁镇—乌拉特前旗明安镇）穿沟而行。在五当沟之中，大约以石拐区古城塔村为界，向南山势较为险峻，向北则进入较为低缓的山地丘陵区。古城塔村南侧，五当沟在险峻的山中向东形成一个大的拐弯，石拐或即由此而得名。在大拐弯处的西侧，有一条叫石门沟的支沟，形成古城塔村至五当沟下游之间的直线。石门沟的北端，为高耸的山崖，在山崖当中有人工开凿的一道底宽2～2.5米的石门（图四），向北过石门下山即达古城塔村。从石

图四
石门（南—北）

门沟经石门到达古城塔村，为穿越五当沟的一条便捷之道，虽然仅能通行人，但直至近代仍是一条重要的翻山通道，当地老乡称驼道。石门两侧山体高耸，应该就是《水经注》记载的石门山。石门障得名自石门，显然该道石门最晚在汉代已经开凿而成，石门障自然就在石门山左近。

障为山中小城，那么石门障是一座什么样的障城呢？这需从西汉五原郡的军事建制讲起。西汉五原郡设有东、中、西三个都尉，协助五原郡太守管理边防军事，东部都尉治稒阳县，中部都尉治原高城，西部都尉治田辟城。五原郡西部都尉治所，初步推定为乌拉特前旗公庙沟口障城，为一座边长140米的障城。西部都尉与中部都尉辖区的分界点在成宜县（《汉书·地理志》五原郡：成宜，中部都尉治原高，西部都尉治田辟），为乌拉特前旗三顶帐房古城。

从成宜县往东，关于中部都尉治所，有考古学者推定为位于哈德门沟沟口处的哈德门沟古城[1]。哈德门沟古城位于包头市九原区哈业脑包乡哈德门村西北500米处，西临哈德门沟。古城分为内外两城，平面略呈“回”字形布局。外城平面呈不规则形，南墙借用战国赵北长城墙体，东墙、北墙、西墙各有部分残存，其中东墙长291米，西墙长212米，南墙长197米，北墙随地形呈折线形内收，长360米。外城内西北部二级台地上修筑内城，四周墙垣轮廓清晰，平面呈正方形，边长约50米。南墙中部辟门，现为高出于墙体的石头堆，推测应用石块砌筑的城门，方向为182°。从哈德门沟古城的地理位置与规模来看，与西汉五原郡中部都尉治所原高城是可以匹配的。

以前或认为孟家梁古城与原高城有关[2]，现在看来是难以成立的，该古城应为纯粹的北魏城邑。孟家梁古城位于昆都仑河西岸，今处于包钢废钢厂院内，遗迹已破坏无存。早期的调查资料，对其形制、时代描述不一。形制描

---

1. 张海斌：《九原地望及相关问题》，《2012·中国“秦汉时期的九原”学术论坛专家论文集》，内蒙古人民出版社，2012年。

2. 阿勒得尔图：《西汉石门障揭开神秘面纱》，《中国文化报》2016年2月22日。

述较为详细的是，古城平面呈倒梯形，东墙长442米，南墙长340米，西墙长440米，北墙长382米[1]；或认为是汉代古城[2]。古城内西北隅曾发掘清理一座东汉时期墓葬，表明古城墙体要晚于汉代。从以前古城采集遗物分析，有考古学者推测为北朝后期的军事性防御城邑，有一定道理[3]。古城平面形制不规整，与北魏城址的特点有一定相似性。据《水经注·河水三》记载，"阚骃曰：五原西南六十里，今世谓之石崖城。"[4]石崖城旧址为今达拉特旗二狗湾古城，是沿用自汉代宜梁县的一座北魏戍城。从二狗湾古城向东北至孟家梁古城的直线距离为22千米，与北魏六十里大致相合。五原屡见于《魏书》记载，是北魏早期几位皇帝的阴山巡幸地之一，孟家梁古城应即北魏五原城。

西汉五原郡三都尉均位于阴山之南，管辖的东西范围各60余千米，中部都尉与东部都尉的分界点在古城湾古城，古城湾古城以东进入东部都尉辖区。每个都尉，均设有一个塞道。五原郡西部都尉所辖塞道为五原西部塞，中部都尉所辖塞道应该在今天的哈德门沟内，东部都尉管辖的塞道就在五当沟内，为石门障塞道。

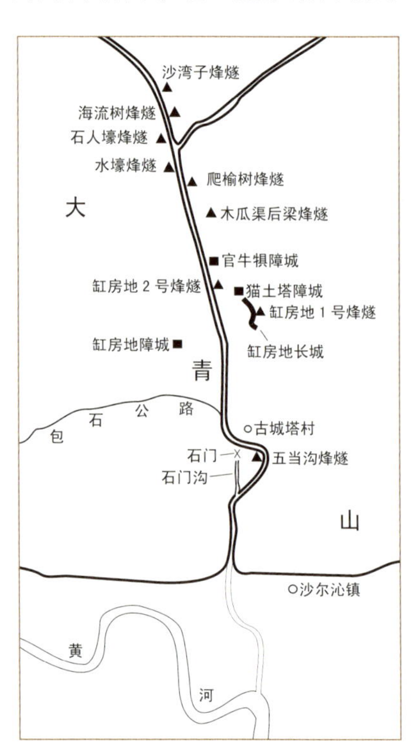

图五
五当沟石门塞遗迹分布图

在对五当沟的调查中，于五当沟内

1. 郭建中、车日格：《黄河包头段沿岸汉代古城考》，《内蒙古文物考古》2007年第1期。
2. 国家文物局主编《中国文物地图集·内蒙古自治区分册》（下册），西安地图出版社，2003年，第61页。
3. 张郁：《中受降城址初探》，《包头文物资料》（内部刊物）第二辑，1991年。
4.《水经注》卷3《河水》，陈桥驿校证本，中华书局，2007年，第77页。

图六

及其两侧山上，发现汉代当路塞长城墙体1段、烽燧9座、障城3座，均为石门障塞道的组成部分（图五）。分布于五当沟东侧山上的缸房地当路塞长城墙体，防止行人从沟中道路向山中阑越，当路塞旁侧的障城为守护当路塞士兵的屯驻之所（图六）；沟中夹道烽燧起到沟通南北通讯的作用；官牛犋障城扼守出入五当沟北口的险要之处，据当地村民反映，障城中曾出土大量五铢钱，似为一座关隘所在（图七）。

这些遗迹中，哪一个是石门障呢？首推五当沟烽燧的可能性较大。该烽燧位于石门山东山下，五当沟大转弯处西侧的山前台地之上，形成扼守险要之势。烽燧由墩台和坞两部分组成。墩台高大，黄土夯筑而成，平面呈椭圆形，底部东西长径20米，南北短径

图七

图六
缸房地长城墙体（北—南）
图七
官牛犋障城（东北—西南）

图八

图九

12米，残高11米，夯层厚约10厘米。墩台南侧有正方形坞，边长约20米。坞墙主体土筑而成，南墙外侧包有砌石。现存坞墙内侧高度基本与地表平齐，外侧残存最高可达2米（图八）。其他8座烽燧均规模较小，残存土筑墩台较为明显，坞均已遭破坏，形制不清（图九）。

然而从作为塞道指挥中心的石门障来讲，五当沟烽燧显得规模偏小，且其位置不利于对五当沟的全面指挥。从石门向北，五当沟北岸有一片高台地，台地上坐落着古城塔村。据村中老人介绍，这里原来有一座古城，村庄因此而得名，但今天古城已了无痕迹。古城塔村所在高台地，处于五当沟大拐弯北侧，利于掌控整个五当沟，南面遥望石门，亦是北出石门沟首经之地。如此，则位于古城塔村中的已消失古城，可能正是汉代的石门障（图一〇）。石门障塞道兼具塞防和通道作用，其遗迹构成，可以说是汉代阴山一线塞道的一个典型代表。

图八
五当沟烽燧，山下为五当沟（东南—西北）
图九
海流树烽燧（东—西）

出五当沟，进入五原塞辖区，由于农耕破坏，地面的烽燧遗迹保存不是很明显，但根据残留的一些遗存，大体可推断，五道沟塞道烽燧线继续向西北方向延伸，在固阳县县城以南一带抵达昆都仑河河畔，再顺着昆都仑河而上，越过阳山汉长城，才实现“北出石门障”。北出石门障之后，分布有太初三年（前102年）光禄勋徐自为开始主持修建的光禄塞，包括汉外长城北线、南线与五原塞外列城等。初步推断，北出石门障五城为光禄塞沿线的五个重要军事指挥中心，其级别与田辟城、原高城一样，均设有都尉管理，但并非部都尉，而是城都尉。汉武帝太初元年（前104年），因杅将军公孙敖筑塞外受降城，受降城设受降都尉进行军事管理。由此推演，以上北出石门障五城亦均应设有城都尉管理。

图一〇

图一〇
石门以北的五当沟，沟东侧为古城塔村（南—北）

五原塞之中，有东西向的明登山—脑包山—巴彦查干山山系，沿着这道山系，形成了保卫石门障塞道的系列军事设施。明登山之上有汉长城与亭障，明登山东端有下城湾古城、城梁障城，脑包山前有冯湾障城，巴彦查干山前有小召门梁障城。下城湾古城东西长280米，南北宽260米，城墙四角有角台，为一座扼守五原塞东南部狭口处的军事性城邑（图一一）。城梁障城由6座小的障城组成，以井壕沟为界，沟西有4座，沟东有2座。沟西4座障城内地表散布的陶片及建筑材料较多，采集有“五铢”“大布黄千”等钱币，沟东2座障城遗物较少（图一二）。冯湾障城（图一三）、小召门梁障城（图一四）均规模较小，为候

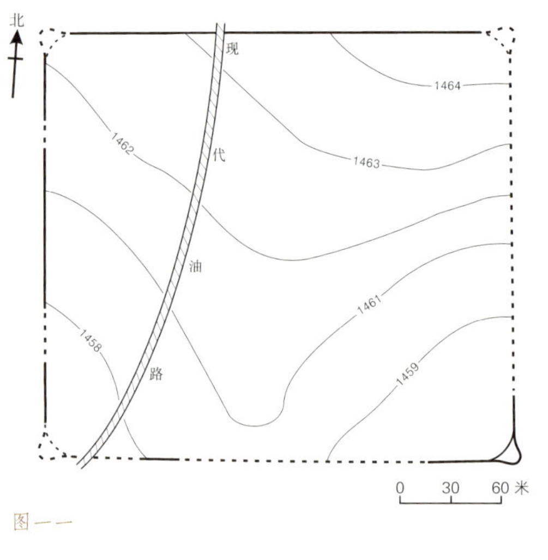

图一一

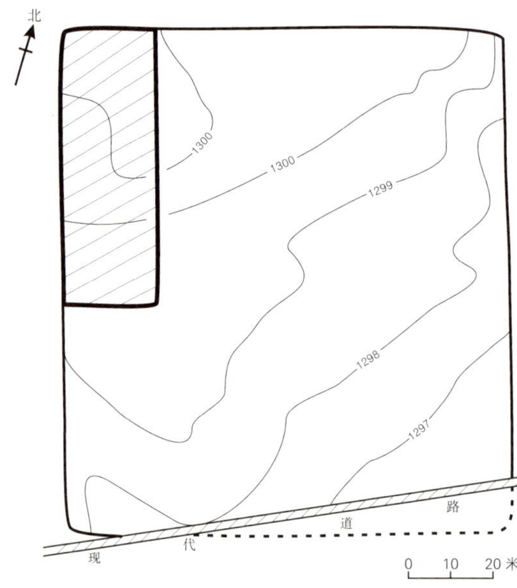

图一三

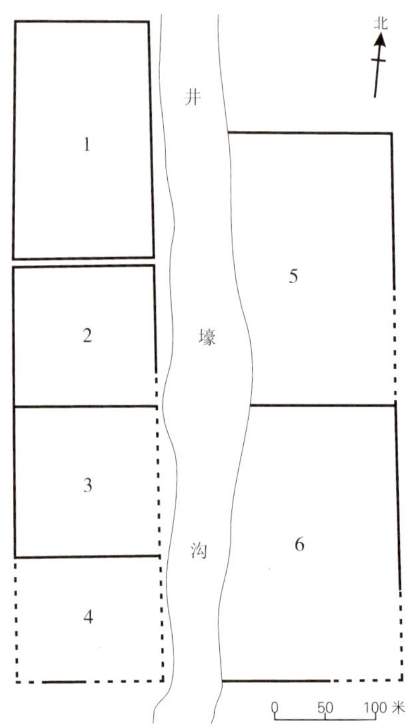

图一二

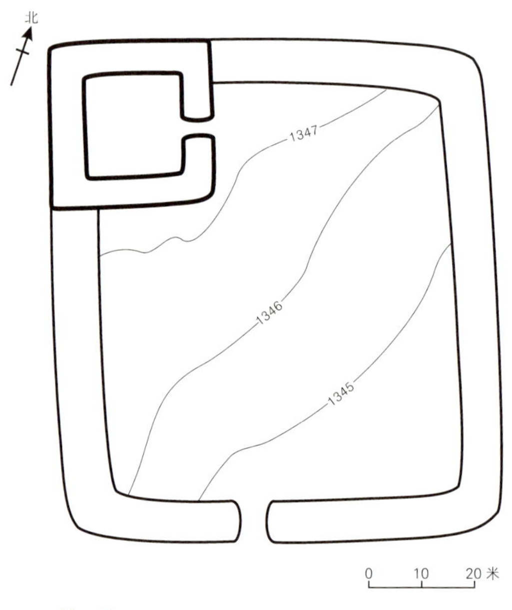

图一四

图一一
下城湾古城平面图
图一二
城梁障城平面图

图一三
冯湾障城平面图
图一四
小召门梁障城平面图

官驻地。

进入东汉以后，五原塞成为归附汉朝的南匈奴驻牧地，稒阳、蒲泽二县撤治，但石门障塞道仍存，史籍记作稒阳塞。清代以来，大量汉族移民进入五当沟，当地有适合烧制陶瓷器的瓷土，陶瓷制造业大兴，由此可以想到，汉代的“石门窑”也正在五当沟之中。

今天包头市沟通黄河南北与阴山南北的交通路线，很多与秦汉以来的渡口和塞道有相通之处。沟通黄河南北，今天自东向西分别有包茂高速、包东高速和618县道，分别位于秦代榆溪塞和汉代五原县、宜梁县附近。沟通阴山南北，自东向西有076县道、211省道、074县道、石哈线，其中076县道和石哈线分别穿行五当沟、哈德门沟。

074县道走的是昆都仑沟一线，昆都仑沟位于包头市昆都仑区正北方，麻池古城坐落于昆都仑河东岸，自秦汉以来，昆都仑沟一线的防御一直很重要。汉代，昆都仑沟名为高渠谷，南口设有昆都仑沟障城，障城东侧山坡上建有塞墙，共同形成扼守险要之势。但秦汉时期的军事性塞道，均未选择昆都仑沟南北一线。当然，这也不能表明昆都仑沟在秦汉时期没有道路，可能存在与直道相连的驿道，元封元年（前110年）汉武帝北登单于台，甘露三年（前51年）匈奴呼韩邪单于由五原塞南赴长安，走的可能都是昆都仑沟一线。

昆都仑沟北口处，有三老虎沟障城，主体建筑为一座大型夯土台基建筑址，平面呈长方形，东西长160米。以黄土夯筑而成，基宽顶窄，剖面呈梯形，基宽20米，顶宽15米，高约4米。基址西段被冲沟冲毁，断壁裸露出夯层，厚6 ~ 17厘米。基址顶部及周围地表耕地时翻出大量陶片、瓦片等遗物。陶片饰有绳纹、附加堆纹、弦纹等；筒瓦外壁多饰宽弦断绳纹，内腹为麻点纹；板瓦外壁多饰粗绳纹，内壁多饰菱形格纹。还采集有卷云纹瓦当。该夯土台基址位于三老虎沟向东汇入昆都仑沟的山北坡地之上，从散布遗物看，建筑级别较高，与高渠谷驿道馆舍可能有联系。

图一五
清代本坝沟车马大道（东北—西南）

据《新唐书·地理志》记载："中受降城正北如东八十里，有呼延谷，谷南口有呼延栅，谷北口有归唐栅，车道也，入回鹘使所经。"[1]唐朝的中受降城与汉代宜梁县、北魏石崖城同位于二狗湾古城，二狗湾古城正北如东八十里即为昆都仑沟南口，当时名为呼延谷，谷南口有呼延栅，谷北口有归唐栅，唐朝出使回鹘的道路经此而行。

至于211省道，走的是今天包头市石拐区区政府所在地喜桂图镇至固阳县县政府所在地金山镇南北一线。这条道路，与清代道光二十二年（1842年）至二十六年（1846年）开辟的沟通包头镇（今包头市东河区）至山北地区的本坝沟车马大道有相合之处（图一五）。

1.《新唐书》卷43《地理志》，中华书局，1975年，第1148页。

第一四章

鸡鹿塞与高阙塞

鸡鹿塞与高阙塞，是汉代朔方郡的两大关塞。

汉武帝元朔二年（前127年），卫青北伐匈奴，“于是汉遂取河南地，筑朔方，复缮故秦时蒙恬所为塞，因河为固。”[1]汉朝在新占领的河南地设置了朔方、五原二郡，在朔方郡北面的阳山之上修筑了朔方郡长城，在五原郡北面的阳山之上对蒙恬所筑长城作了修缮利用，形成了五原塞长城。

阳山朔方郡汉长城东界五原塞长城，分界点大约在今巴彦淖尔市乌拉特前旗与乌拉特中旗交界处的扎拉格河，向西经罕乌拉山、小狼山的北麓地带，墙体绵延分布。至小狼山与大狼山之间的狼山沟山口处，连续的墙体终止，长城由山北坡转至山前地带，以当路塞墙体与列燧、障城相结合的形式呈东北一西南向延伸。大约至磴口县与阿拉善左旗交界处的查斯沟沟口，朔方郡长城终止，再向西进入西河郡辖区。朔方郡长城墙体总长173.421千米，其中土墙长6.683千米，石墙长136.323千米，山险长1.784千米，山险墙长11.293千米，消失段落长17.338千米（图一、二）。

长城沿线有障城、烽燧两类单体建筑，调查烽燧309座（图三、四）、障城7座。发现的障城数量偏少，原因在于很多位于山前的障城，遭河水冲刷或耕地开垦破坏无存，如高阙障。障城驻候官，烽燧驻部、燧，构成了完善的军事防御体系。在山区地带，障城、烽燧多因山势而设置，障城建于山口地带，烽燧随墙体绵延分布，相互之间的距离难以整齐划一。从现存的障城来看，障城相

1.《史记》卷110《匈奴列传》，中华书局，1959年，第2906页。

图一

图二

互之间的距离一般在8千米以上，最远者达到16千米。烽燧的间距大小不一，以两两相望为准，间距小的有约200米的，间距大的也有约2千米的。不同的都尉辖区，一个候官管辖的燧数量亦有差异。大体以一个障城管辖约15座烽燧计算，整个朔方郡汉长城沿线应分布有约20座障城。

西汉朔方郡下辖10县、3都尉。10县，《汉书·地理志》有载，依次为三封、朔方、修都、临河、呼遒、窳浑、渠搜、沃野、广牧、临戎[1]。元朔三年（前126年），将军苏建“城朔方城”[2]，在朔方郡之下设置了朔方县，成为朔方郡的郡治。元狩三年（前120年），又设置了三封县，朔方郡郡治移治三封。

西汉朔方郡10县主要分布于三个大的区域，

图一
巴彦淖尔市乌拉特中旗军乌拉长城6段（东—西）
图二
巴彦淖尔市乌拉特中旗前达门长城13段（东北—西南）

1.《汉书》卷28《地理志》，中华书局，1962年，第1619页。
2.《汉书》卷6《武帝纪》，中华书局，1962年，第171页。

图三

即后套平原中部东西一线、后套平原的黄河北岸、古代黄河北河向南汇入南河后向东而流的黄河南岸。结合相关史料记载与前人调查、研究成果，可以推定：第一个区域分布的县，自西向东有三封、窳浑、临河、修都、呼道5县；第二个区域分布的县，自西向东有临戎、沃野、渠搜3县；第三个区域分布的县，自西向东有朔方、广牧2县。

朔方郡的3个都尉，分别是西部都尉治窳浑县，中部都尉治渠搜县，东部都尉治广牧县。阳山朔方郡汉长城东部属中部都尉管辖，西部属西部都尉管辖，二者管辖的分界点，大致在狼山沟西侧。西部都尉治下的塞道有鸡鹿塞，而中部都尉治下的塞道为高阙塞，后者即位于狼山口。东部都尉所在的广牧县位于黄河南岸，管辖的是新民堡秦长城过西赖沟后向西一线由北而南的军事防务。

图四

鸡鹿塞作为朔方郡西部都尉的关塞，《汉

图三
巴彦淖尔市乌拉特中旗查干敖包9号烽燧（南—北）
图四
巴彦淖尔市磴口县巴音乌拉3号烽燧（西—东）

图五
巴音乌拉障城前的巴音乌拉嘎查与巴音乌拉山（西—东）

书·地理志》记载较为明确，窳浑县“有道西北出鸡鹿塞”[1]。窳浑县旧址，经考证，为今巴彦淖尔市磴口县沙金套海苏木前进嘎查西南的保尔浩特古城[2]。从保尔浩特古城向西北约10千米处，为大狼山哈隆格乃沟南口，沟口西侧山前台地之上分布有巴音乌拉障城，即鸡鹿塞候官治所，汉代名为鸡鹿障。鸡鹿障与其两侧山前及北边哈隆格乃沟中的若干烽燧，共同构成鸡鹿塞。“鸡鹿”当为匈奴语，或即蒙古语“石头”（chilagu）的词源。鸡鹿塞东侧远望有高耸的巴音乌拉山，为今磴口县与乌拉特后旗的分界，匈奴人或称其为“鸡鹿山”（图五）。

巴音乌拉障城平面呈正方形，墙体石砌而成，边长69.3米。69.3米相当于汉

1.《汉书》卷28《地理志》，中华书局，1962年，第1619页。

2.侯仁之、俞伟超：《乌兰布和沙漠的考古发现和地理环境的变迁》，《考古》1973年第2期。

代的三十丈，边长三十丈的障城属于汉代障城之中规模较大者，例如居延地区的甲渠障，边长仅23.1米，相当于汉代的十丈。障墙四角设有角台，南墙中部偏西处设有城门，城门外有瓮城，瓮城门向东开。城内依南墙东侧修筑有宽2米的斜坡蹬道，可直达城顶。城内依西、北、东三墙保存有长方形石砌房基。障城中部有长20、宽9米的双开间房屋基址一处。由于有后人在城内居住，汉代遗迹遭到破坏，城内发现的汉代遗物较少（图六～八）。

鸡鹿塞为汉代朔方郡的主要塞

图六

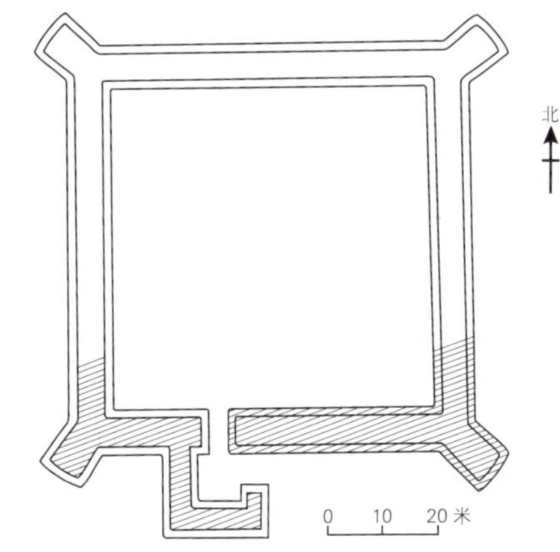

图七

图八

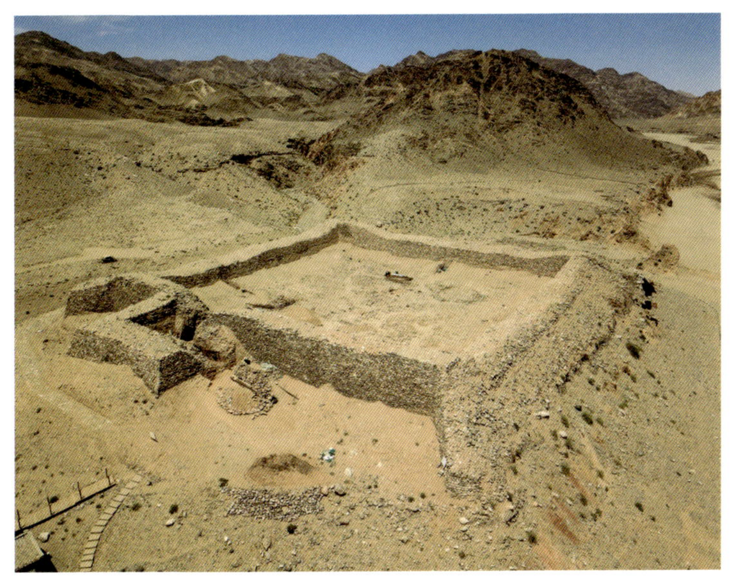

图六
巴音乌拉障城（西—东）
图七
巴音乌拉障城平面图
图八
修缮中的巴音乌拉障城航拍图（上为西北）

道之一，由西北出兵匈奴，多经由鸡鹿塞。汉元帝甘露二年至甘露三年（前52年～前51年），南匈奴呼韩邪单于赴长安朝见汉元帝，从五原塞入汉地，由鸡鹿塞返回漠南。东汉和帝永元元年（89年），车骑将军窦宪出鸡鹿塞，度辽将军邓鸿出稒阳塞，南单于出满夷谷（今乌拉特中旗摩楞河河谷），大破北匈奴于稽落山。

此后，鸡鹿塞一度成为边塞的代名词，出于押韵的需要，在诗文中或简称"鸡塞""鹿塞"。隋炀帝巡幸东突厥启民可汗牙帐，即席赋诗《幸塞北——云中受突厥主朝宴席赋诗》，第一句便是："鹿塞鸿旗驻，龙庭翠辇回。"南唐中主李璟有《浣溪沙》词，写道："细雨梦回鸡塞远，小楼吹彻玉笙寒。"

西汉朔方郡中部都尉治渠搜县，渠搜县旧址，经考证，为位于今巴彦淖尔市临河区乌兰图克镇联丰村的八一古城。从八一古城向北，在巴彦淖尔市临河区新华镇古城村有高油坊古城，先后为西汉朔方郡临河县、唐代西受降城、西夏黑山威福军司治所斡罗孩城、元代兀剌海路治所。高油坊古城向北直对狼山口，历史地理学者唐晓峰先生在《内蒙古西北部秦汉长城调查记》一文中，最早提出了狼山口为战国秦汉时期高阙塞的观点[1]。

高阙最早见于《史记》记载，为战国赵武灵王所筑"拒胡"长城的西端，"至高阙为塞"[2]。战国赵北长城的西端，在乌拉山大沟口东侧，并未能够抵达狼山口。于是，高阙塞究竟在乌拉山西端还是在狼山一线，一直产生了很多争议。北魏在沃野镇之下有高阙戍，关于高阙戍，郦道元在《水经注》中有着详细描述，认为它是战国赵北长城的西端高阙所在，西汉元朔四年（前125年）卫青曾在这里击败匈奴右贤王。从《水经注》的记载出发，有的学者提出鸡鹿障东约16千米处的达巴图障城为高阙塞的观点[3]。

---

1. 唐晓峰：《内蒙古西北部秦汉长城调查记》，《文物》1977年第5期。

2. 《史记》卷110《匈奴列传》，中华书局，1959年，第2885页。

3. 魏坚：《河套地区战国秦汉塞防研究》，《边疆考古研究》第6辑，科学出版社，2007年。

辛德勇《阴山高阙与阳山高阙辨析——并论秦始皇万里长城西段走向以及长城之起源诸问题》一文，在前人研究的基础上，重新辨析史料，认为赵北长城的西端点所在高阙为阴山高阙，大约在今乌拉特前旗乌拉山大沟口；秦汉长城向北推进以后，高阙塞随之迁移到秦汉长城西端的一处山口，与阴山高阙相对应，这座山口可以称之为阳山高阙，一般认为在今乌拉特中旗小狼山与大狼山交界处的狼山口，亦名石兰计山口[1]。

通过长城调查，可证辛德勇的观点部分是正确的。赵北长城墙体的西端点，止于乌拉特前旗白彦花镇张连喜店村北侧、乌拉山大沟口东侧400米处的小红石沟。大沟沟口两侧山峰高耸，形似高阙。大沟南侧平原之上有张连喜店古城，考证为秦汉时期的西安阳县。但必须澄清的一个问题是，《史记》《汉书》均只记"高阙"，《后汉书》才提到"高阙塞"。高阙塞最早只能是卫青北伐、修筑了阳山朔方郡汉长城之后，在长城沿线设置的一个军事建制。战国、秦代至西汉早期，高阙并非军事建制，只是一个重要的地名而已。公元前300年，赵武灵王"筑长城，自代并阴山下，至高阙为塞。而置云中、雁门、代郡。"[2]这一段话，需重新句读："筑长城，自代并阴山下至高阙为塞，而置云中、雁门、代郡。"这里的"为塞"，并非设置高阙塞，而是形成防御之意，即在"自代并阴山下至高阙"的一线形成防御体系。汉长城沿线有关塞类军事建制，赵北长城沿线不一定有，即使有类似的军事建制，也不一定叫塞。

乌拉山大沟口形似高阙，赵北长城修到了这里。但战国、秦代及西汉早期的高阙，作为一个地名，包含更广泛的含义。乌拉山陡峭耸立，其间有昆都仑沟、哈德门沟等南北向通道；乌拉山西端的西山嘴，西、南均临黄河，经西山嘴向东

1. 辛德勇：《阴山高阙与阳山高阙辨析——并论秦始皇万里长城西段走向以及长城之起源诸问题》，《文史》2005年第3辑。

2.《史记》卷110《匈奴列传》，中华书局，1959年，第2885页。

图九
乌拉山（西南—东北）

北进入明安川，向西北进入后套平原，扼守与通道作用兼具。《水经注》引《虞氏记》将西山嘴一带记作“五原河曲”[1]，是赵武灵王筑长城的西端点；《辽史》称乌拉山为牟那山，西山嘴作钳耳觜[2]。所以，《史记》《汉书》中记载的高阙，就是指乌拉山（图九）。

乌拉特中旗狼山口是一条重要的南北向穿山通道，小狼山、大狼山东西耸峙，更似高阙。当然，狼山口仅分布有汉长城，秦长城未延伸到这里。西汉中期之后朔方郡中部都尉的塞道，选择于狼山口设置，其军事建制的命名，采用了高阙这一原本不在此处的地名。这种异地同名、异时同名的现象，历史上是较为多见的。如前文提到的战国、秦时期的榆中，与汉代榆中县距离很远。再如当代巴彦淖尔市这个行政区划，得名于吉兰泰盐池，但今天位于

1.《水经注》卷3《河水》，陈桥驿校证本，中华书局，2007年，第78页。

2.《辽史》卷41《地理志》，中华书局，1974年，第509页。

阿拉善盟阿拉善左旗的吉兰泰盐池与巴彦淖尔市毫无联系。

在狼山口南1.8千米、乌加河镇石兰计村北1.6千米处的后套平原之上，有一座土筑障城，第二次全国文物普查登记为石兰计障城。障城平面呈长方形，南北长160米，东西宽110米。第三次全国文物普查时，障城已消失于农耕开发之中，但当地老乡仍称这一区域为城圪卜（图一〇）。石兰计障城应为汉代高阙塞候官治所高阙障，北魏时期的沃野镇高阙戍亦应在这一区城之内。从高阙戍向西，开始进入北魏薄骨律镇辖区。北魏以后，狼山沟作为南北向通道的重要性一直存在，唐代初建的西受降城扼守这一要隘，成吉思汗率领蒙古大军由此南下进攻西夏斡罗孩城。对狼山沟的调查中，于沟北的道路旁侧还发现有清代的站铺铺墩。

狼山口与哈隆格乃沟沟口之间的直线距离近100千米，而达巴图障城与巴音乌拉障城之间的直线距离仅约16千米，而且哈隆格乃沟与达巴图障城所在的大坝沟于大狼山北端汇合于一处。如果达巴图障城为汉代高阙塞候官治所，鸡鹿塞和高阙塞之间的距离也未免太近了；汉代人如果设置出如此的关塞布局，则从鸡鹿塞、高阙塞同时出兵，就显得毫无实际意义了，类似于把明长城的山海关与居庸关放在了一起。

《水经注》对高阙塞的描述较为详细，但错误也很多。《水经注》在“屈从县北东流”一句下注曰：“河水又屈

图一〇
石兰计障城所在位置及狼山口（南—北）

而东流为北河。汉武帝元朔二年，大将军卫青，绝梓岭，梁北河是也。东经高阙南。《史记》赵武灵王既袭胡服，自代并阴山下至高阙为塞。山下有长城。长城之际，连山刺天，其山中断，两岸双阙，峨然云举，望若阙焉。即状表目，故有高阙之名也。自阙北出荒中，阙口有城，跨山结局，谓之高阙戍，自古迄今，常置重捍，以防塞道。汉元朔四年，卫青将十万人，败右贤王于高阙，即此处也。”[1]

这里的县，指朔方郡临戎县，旧址为今巴彦淖尔市磴口县渡口镇布隆淖村西南的布隆淖古城。从《水经注》的记载来看，高阙塞似在临戎县向北一带，并把战国、秦及西汉早期的高阙与汉代高阙塞也混淆了。关于《水经注》的史料性，历史地理学者石泉先生在利用《水经注》研究荆楚地理时，写道："现存诸版本的《水经注》久已非本来面目，而是先已散乱残佚，后经唐宋以至明清的历代文人、学者多次进行了加工整理及订补之后，才成为今貌。这些'订补'虽作出了不少有价值的贡献，但因其多据后世的地理观念，以至改得反而失真之处，也所在多有；而尤以陈梁之际经过大动乱、政区多有变易的荆楚地区有关地名方位为然。至今，内容紊乱错解以至有明显错误未得订正之处，仍屡见不鲜，使人不能笼统凭信。此外，也还有些后世之人在原书正文之旁随手作注，被其他人辗转抄刻后，误窜入正文，遂致又增失误。"[2]《水经注》的内容错乱，不只是荆楚地区，北方地区亦然。所以，首先承认郦道元是古代地理学的一大权威，他所著的《水经注》是一部内容丰富、价值很高的历史地理文献；但在利用《水经注》时，要对所引史料作具体辨析，不可盲目信从。

关于达巴图障城，侯仁之、俞伟超两位先生在1963年对乌兰布和沙漠的考古调查中已有提及，认为是一个小石城[3]。障城分为两部分，北侧是主障，

1.《水经注》卷3《河水》，陈桥驿校证本，中华书局，2007年，第75～76页。

2.石泉：《自序》，见氏著《古代荆楚地理新探》，武汉大学出版社，2013年，第6页。

3.侯仁之、俞伟超：《乌兰布和沙漠的考古发现和地理环境的变迁》，《考古》1973年第2期。

边长23.1米，相当于汉代的十丈；主障南侧为一个关厢，墙体较主障低矮，东西长约38.5米，南北宽约25.5米，南墙中部和东墙南部各有一个宽约1.6米的门道（图一一）。这种主障加关厢的障城形制，在汉长城沿线是极为普遍的，如居延地区的甲渠障。主障前的关厢在汉代如何称呼，目前尚找不到确切的史料。明长城的一些城堡，也见有类似结构，明确称作关厢。关厢的修建，往往晚于城堡主体，作用有三个方面：一是储存草料等物资；二是为居住在城堡外的百姓提供趋避之所；三是在承平之际加强城堡防御的功能，而且主要是防盗。汉代障城的关厢，与明代城堡的关厢，功能应是相似的。

综合来看，达巴图障城是朔方郡汉长城沿线的一座普通障城，属于候官治所，管辖周边若干部、燧，具体障名不清。达巴图障城所属候官的辖区与鸡鹿塞的辖区相邻，二者大体以巴音乌拉山为界。

图一一
达巴图障城（西南—东北）

第一五章

眩雷塞与广田县

眩雷塞是西汉时期的一个重要关塞，《史记》《汉书》均有提及，为西河郡北部都尉的出塞之道。《汉书·地理志》“西河郡”条下，在西河郡属县增山县之下有如是记载：“增山，有道西出眩雷塞，北部都尉治。”[1]

据《史记·匈奴列传》，大约在汉武帝元封三年（前108年）前后，“又北益广田至眩雷为塞，而匈奴终不敢以为言。”[2]《汉书·匈奴传》关于此事的记载，史料来源于《史记·匈奴列传》，内容完全相同。对于“至眩雷为塞”一语中的“眩雷”一词，东汉人服虔的《汉书音义》注释曰：“眩雷，地在乌孙北也。”后来刘宋人裴骃的《史记集解》，对“眩雷”的注释认同了服虔的观点。服虔之所以将眩雷塞安排在乌孙之北，是因为《史记》《汉书》在“又北益广田”之前，讲的是汉朝与乌孙的关系，将细君公主嫁与了乌孙王。今人的一些研究成果中，将眩雷一地具体于今新疆伊犁河流域，并认为“北益广田”就是屯田，西汉王朝此时已经在伊犁河流域开展军事屯田了。

谭其骧主编的《中国历史地图集》西汉“并州、朔方刺史部”专图，从增山县“有道西出眩雷塞”的史料出发，将眩雷塞大致标注在了今内蒙古自治区鄂尔多斯市东胜区与杭锦旗的交界处一带，而增山县则标注于东胜区的西部、西柳河上源地带[3]。

1.《汉书》卷28《地理志》，中华书局，1962年，第1618页。

2.《史记》卷110《匈奴列传》，中华书局，1959年，第2913页。

3.谭其骧主编《中国历史地图集》第二册《秦·西汉·东汉时期》，中国地图出版社，1982年，第17～18页。

眩雷塞是在今天的新疆还是内蒙古？具体位置在哪里？近年来，一些新的考古调查与发掘成果，为重新认识眩雷塞提供了可能。位于鄂尔多斯市杭锦旗锡尼镇浩绕柴达木嘎查西北约2千米处的霍洛柴登古城，为一座平面呈“回”字形的大型汉代古城，如今内城城墙已消失，外城东西长1446米，南北宽1100米。以前调查除发现大量西汉时期的陶器、砖瓦和“半两”钱、“五铢”钱外，还有“西河农令”“中营司马”铜印各一方，被认为是西汉西河郡郡治富昌县（取“富乐未央、子孙益昌”之意）。近年来，内蒙古自治区文物考古研究所在古城内又发现了新莽时期的铸币作坊遗址，出土有“大泉五十”“小泉直一”“货泉”等本地铸造的钱币，与新莽时期“又遣谏大夫五十人分铸钱于郡国”[1]的币制改革政策相符合，从而凿实了该古城为富昌县的推断（图一）。

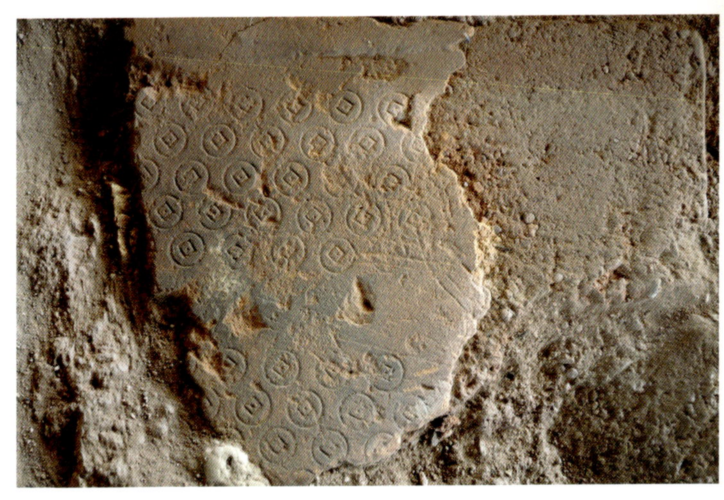

图一
霍洛柴登古城发掘出土钱范

据《汉书·地理志》，西汉西河郡辖有南部、北部、西部三个都尉，北部都尉所在的增山县应当位于整个西河郡的西北部一带，起到护卫富昌县的作用，而不可能位于富昌县的东部。在霍洛柴登古城西北约16千米处，调查有西汉时期的敖楞布拉格古城。古城平面略呈正方形，边长约530米，城内西北角有东西宽120、南北长170米的子城。从敖楞布拉格古城的规模及其与霍洛柴登古城的相对位置来看，前者符合西河郡增山县兼北部都尉治所的条件。

1.《汉书》卷99《王莽传》，中华书局，1962年，第4118页。

从敖楞布拉格古城一直向西，穿越库布齐沙漠，过北流黄河，进入乌兰布和沙漠。在乌兰布和沙漠之中，有一道大致呈东北—西南走向的山脉，为狼山余脉哈鲁乃山。在狼山与哈鲁乃山之间，有一条大致呈南北向的山中通道，称作乌兰布拉格峡谷，峡谷间的台地之上坐落有乌兰布拉格障城。乌兰布拉格障城位于阿拉善左旗敖伦布拉格镇镇政府所在地西北约11千米处，东临贯通南北的乌兰布拉格峡谷，谷中四季有流水。障城平面呈长方形，南北长31.5米，东西宽24米。障墙采用大块片状石材错缝堆砌，自下而上有收分，内部以石块和沙土填充，底宽约4.7、顶宽2～2.7米，保存较为完整的障墙最高达6.8米。南墙中部设门，宽约1米，方向为165°。东墙内侧有斜坡踏道直通墙体顶部，长15米，宽2米，坡度约45°。障内东南角、西南角各有石砌房址1座，西北角筑有1座1.5米见方的石台。障城南部相连有东西长28米、南北宽26米的近正方形关厢，关厢墙体石砌而成，南墙中部辟门（图二～六）。障城内采集有灰陶壶、罐等残片。

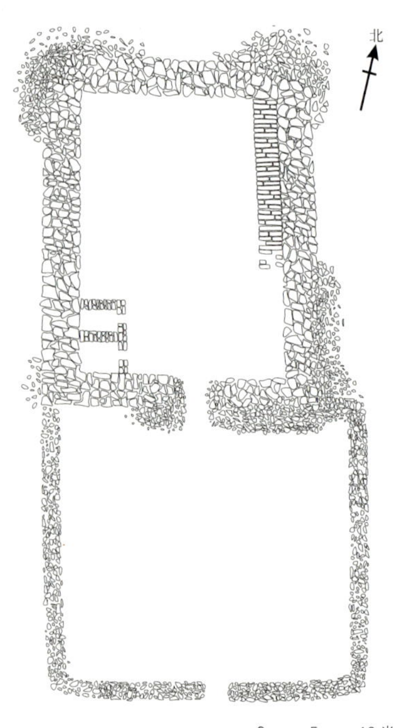

图二
乌兰布拉格障城平面图

西汉后套平原以北的罕乌拉山—狼山一线长城，归属朔方郡管辖，山间分布有高阙塞、鸡鹿塞等著名关塞，分别归属朔方郡中部都尉、西部都尉管辖；而分布于哈鲁乃山一线的长城归属西河郡管辖，西河郡之下有眩雷塞。乌兰布拉格障城与敖楞布拉格古城大体呈东西一线分布，相互之间的直线距离约200千米，将乌兰布拉格障城认定为西汉西河郡北部都尉的眩雷塞候官驻地，与《汉书·地理志》关于眩雷塞位置的记载是可以吻合的。那么，以乌兰布拉格障城为中心，包括其周围的系列烽燧，应该是眩雷塞的管辖范围。西汉时期，汉王朝数次从西河郡出兵匈奴，走的就是眩雷塞。

将乌兰布拉格障城认定为眩雷塞候官治所之后，问题又来了，史籍记载的“至眩雷为塞”是怎么一回事呢？从《史记》《汉书》中这一整段记载的前后关系来看，“至眩雷为塞”与前面的汉朝将细君公主嫁与乌孙王并非有着必然的联系，这应是记载同一时间段之中发生的两件事情，只不过没有把“又北益广田”的具体地域说清楚，使后来的注释者误植其于乌孙之下。“至眩雷为塞”，讲的应该就是在西河郡北部都尉之下修筑了眩雷塞。汉武帝元朔二年（前127年），大将卫青夺取河南地之后，在加筑沿用秦代蒙恬所筑大青山—色尔腾山长城的基础上，又沿着罕乌拉山—狼山一线修筑了朔方郡长城；从朔方郡长城向西南，西河郡长城的修筑晚于朔方郡长城，大约是在元封三年（前108年）。

图三

图四

图三
乌兰布拉格障城航拍图（上为东）
图四
乌兰布拉格障城主障正门（南—北）

图五

再进一步分析，“又北益广田”与军事屯田有关吗？在这一句话中，如果将“广田”理解为扩大屯田或者扩大领土，“广”与其前的“益”字有语义重复之嫌。稽诸《汉书·地理志》西河郡属县，三十六县之中有一县即名为“广田”，“又北益广田”是不是可以理解为又向北增设了广田县呢？西河郡广田县在新莽时改名为广翰，广翰就是“大沙漠”之意，与西河郡北流黄河东西两侧均为沙漠相合。在汉代，分布于沙漠地区的长城有的不筑墙体，而是利用“天田”代替墙体来进行防御。天田是在沙漠中布一条长长的沙带，如果敌人入侵，会在沙地上留下清晰的活动印迹。如此来看，这里“广田”的含义，应该是与广翰相通的，广田的“田”字，在汉代亦有“沙漠”之意。

那么，广田县旧址在哪里呢？应当是在距离眩雷塞不远的黄河

图六

图五
乌兰布拉格障城内部（东南—西北）
图六
乌兰布拉格障城关厢（东北—西南）

两岸一带。在今乌海市海勃湾区千里山镇王元地村内，西邻黄河有一座汉代古城，当地老乡称作兰城子，早期的考古资料称作新地古城[1]。古城遭破坏严重，目前仅保留有30余米较为明显的东墙以及西北角少量土筑墙体遗迹。早年的调查资料显示，古城平面略呈正方形，边长约300米。城内地表散布遗物较多，有陶片、陶质建筑构件和“半两”钱、“五铢”钱等，遗物年代集中于西汉时期。古城东侧、北侧分布有汉代墓葬群。新地古城地处乌兰布和沙漠东缘，西北距乌兰布拉格障城的直线距离近100千米，从该古城的位置及出土物来看，均符合西汉广田县的特点。西汉王朝于元朔四年（前125年）设立了西河郡，元封年间继续向西北方向发展，这样“又北益广田至眩雷为塞”就有了一个较为完满的解释了（图七）。到东汉时期，北匈奴势衰，南匈奴、鲜卑、乌桓等部族内迁边郡，西河郡西北部包括广田县在内的属县均废治，眩雷塞长城也随之失去了边界防御的作用。

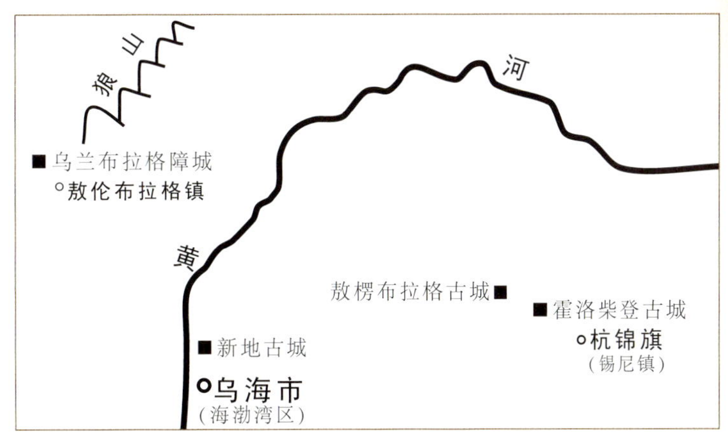

图七
乌兰布拉格障城位置示意图

1. 内蒙古文物工作队编《内蒙古文物资料选辑》，内蒙古人民出版社，1964年，第82～83页。

第一六章

西河郡

西汉西河郡有36县，为一个标准的大县，辖区横跨鄂尔多斯高原北部，北流黄河两岸、南流黄河两岸皆有其辖区。

《汉书·地理志》记载:“西河郡，武帝元朔四年置。南部都尉治塞外翁龙、埤是。莽曰归新。属并州。户十三万六千三百九十，口六十九万八千八百三十六。县三十六:富昌，有盐官。莽曰富成。驺虞，鹄泽，平定，莽曰阴平亭。美稷，属国都尉治。中阳，乐街，莽曰截虏。徒经，莽曰廉耻。皋狼，大成，莽曰好成。广田，莽曰广翰。圜阴，惠帝五年置。莽曰方阴。益阑，莽曰香阑。平周，鸿门，有天封苑火井祠，火从地出也。蔺，宣武，莽曰讨貉。千章，增山，有道西出眩雷塞，北部都尉治。圜阳，广衍，武车，莽曰桓车。虎猛，西部都尉治。离石，谷罗，武泽在西北。饶，莽曰饶衍。方利，莽曰广德。隰成，莽曰慈平亭。临水，莽曰监水。土军，西都，莽曰五原亭。平陆，阴山，莽曰山宁。觬是，莽曰伏觬。博陵，莽曰助桓。盐官。”[1]

以上为西汉西河郡36县，到东汉，西河郡仅余13县，为离石、平定、美稷、乐街、中阳、皋狼、平周、平陆、益兰、圁阴、蔺、圁阳、广衍。不见的23县，除大成改名为大城并划归朔方郡外，其他22县均废置。东汉时期，南匈奴、乌桓、鲜卑等北方民族南下，占据汉朝沿边地区，在鄂尔多斯高原，原秦始皇长城之外的西河郡辖区，除大城县依托新民堡秦长城向西的延伸设立了大城塞之外，其他区域均成为北方民族游牧地。那么，被废置的原秦始皇

1.《汉书》卷28《地理志》，中华书局，1962年，第1618页。

长城之外的西河郡属县，均应包含于东汉废止的西河郡22县之中。当然，原秦始皇长城之内的部分西汉西河郡属县，同样被废置。

这是一个总的变化。具体考古发现的古城与县邑的对应问题，主要依据《水经注》对原秦始皇长城之内的部分西汉西河郡属县的记载，考古学界、历史地理学界都作了一些考订，有明确认定的，但还是以推测者居多。尤其是原秦始皇长城之外的西河郡属县，连推测都很困难。

对于分布于内蒙古自治区鄂尔多斯市、乌海市境内的部分西河郡属县，可略作探讨：富昌县为西汉西河郡郡治，推测为今鄂尔多斯市杭锦旗霍洛柴登古城；美稷县在西汉为属国都尉治，到东汉成为降附的南匈奴单于庭，一般认为是今鄂尔多斯市准格尔旗纳林古城；大成县为今鄂尔多斯市杭锦旗塞音布拉格古城，到东汉改名为大城县，其南东西一线建有大城塞；广田县为今乌海市海勃湾区新地古城；广衍县为今鄂尔多斯市准格尔旗勿尔图沟古城，古城出土有“广衍”铭文兵器，证明其为秦代、西汉初期的上郡广衍县，汉武帝时划归西河郡管辖；博陵县为今鄂尔多斯市达拉特旗康家湾古城，秦代属九原郡，西汉早期属云中郡，西汉中期之后改属西河郡；平定、隰成、西都三县，新莽均改用亭名，可能与其位于驿道沿线有关。平定县是东汉早中期的西河郡郡治，隰成、西都二县到东汉均废治，则后二者可能均位于直道旁侧，西都改名为五原亭，表明其临近五原郡。由此推断，隰成县为今鄂尔多斯市伊金霍洛旗红庆河古城，西都县为今鄂尔多斯市东胜区城梁古城；圜阴、圜阳均已证明为圁阴、圁阳之误，千章为干章之误，在今鄂尔多斯市杭锦旗阿门其日格乡的沙窝中出土有“干章铜漏”，干章县旧址或在铜漏出土地附近，附近杭锦旗境内确有两座汉城，由北向南依次为古城梁古城、吉尔庙古城。

西汉西河郡有三个都尉，依次为南部都尉、北部都尉与西部都尉。南部都尉治塞外翁龙、埤是，颜师古注曰“翁龙、埤是，二障名也。”汉代的都尉治，有在县邑的，也有在障城的，但没见同时设在两个障城的。笔者怀疑，“埤是”

图一
凤凰山东汉壁画墓人物像

为“障”之讹误，翁龙、埤是应作翁龙障，该障城的位置或在鄂托克前旗秦长城一线北侧。

北部都尉治增山县，为今鄂尔多斯市杭锦旗敖楞布拉格古城，有眩雷塞塞道；虎猛县，西部都尉治，其旧址可能在今鄂尔多斯市鄂托克旗境内，向西在与今乌海市交界处的桌子山一带有塞道制虏塞。

东汉时期，在西河美稷设南匈奴单于庭，在原秦始皇长城外侧的西汉西河郡辖区，游牧的除归属南匈奴单于管领的南匈奴部众外，还有大量的羌胡人。鄂托克旗凤凰山东汉壁画墓中，有两鬓披发及头戴饰羽翎的宽沿圆顶帽的人物形象，可能即为羌胡人（图一）。

第一七章

外城

外城为汉朝设置于阴山山脉以北的外围防线，使用时间为汉武帝太初三年（前102年）至汉宣帝地节二年（前68年）。

外城的修筑，使匈奴在漠南彻底失去立足之地，远遁大漠以北。

目前所见外城，包括了五原塞外列城、汉外长城南线、汉外长城北线、蒙古国汉外长城、居延泽长城等。五原塞外列城与汉外长城北线、汉外长城南线，合称光禄塞。

太初三年（前102年）修筑的五原塞外列城，主要由城障列亭组成。城障的规模，多为边长约130米的方城，东起五原塞外、今昆都仑河西岸，西至磴口县与阿拉善左旗交界处的乌兰布和沙漠东缘，可见两条大体并行的列城带，环绕于阳山汉长城外侧。修筑边长约130米的障城，是外城的一个显著特点。

两条列城带西部的障城，多两两南北并列，个别可见南线障城叠压于北线障城之上者，从而显示出早晚关系，即五原塞外列城北线修筑在先，五原塞外列城南线修筑在后。

汉外长城北线、南线总体均呈东西走向，与五原塞外列城总体呈东北—西南走向有所差异。汉外长城南线修筑于漠南草原外流水系和内流水系的分界地带，汉外长城北线修筑于大漠与漠南草原的分界地带。初步考证，汉外长城北线与五原塞外列城北线属于同一时期遗存。太初三年春夏之际，光禄勋徐自为修筑了五原塞外列城，但当年秋天即遭到匈奴破坏。太初三年春夏之际修筑的五原塞外列城，包括汉外长城北线与五原塞外列城北线。在遭匈奴破坏之后，后来又修筑了汉外长城南线与五原塞外列城南线。通过光禄塞的修筑，西汉王朝将匈奴的势力彻底驱逐出大漠以南地区，同时与阳山汉长城形成双重防御体系。

蒙古国亦有汉外长城分布，向西与居延塞北端的居延泽长城（包括居延泽塞墙及古居延泽南侧的白城、K710、K688等亭障）相衔接，将整个庐朐山（今蒙古国南戈壁省南部、与阿拉善盟相交界处的一列山系，中国境内部分称作洪果尔山）包围了起来。从分布与走向看，蒙古国境内的汉外长城似为中国境内汉外长城北线的延伸；但从长城沿线的障城分布规律看，蒙古国境内的汉外长城与中国境内的汉外长城南线相似。由此判断，蒙古国境内的汉外长城可以视为中国境内汉外长城北线的延伸，但其修筑年代晚于中国境内的汉外长城北线，而与汉外长城南线大体属于同一时期遗存。有鉴于此，蒙古国境内的所谓汉外长城北线的延伸部分，可径直称作汉外长城。这也在一定程度上表明，遭匈奴破坏的汉外长城北线后来作了修复使用。

据《汉书·匈奴传》记载，汉昭帝元凤三年（前78年），“匈奴三千余骑入五原，略杀数千人，后数万骑南旁塞猎，略取吏民去。是时汉边郡烽火候望精明，匈奴为边寇者少利，希复犯塞。”[1]汉宣帝地节二年（前68年），“是时匈奴不能为边寇，于是汉罢外城，以休百姓。”[2]这里的“外城”，包括了光禄塞、蒙古国汉外长城与居延泽长城。由于光禄塞的使用时间较短，所以相关遗迹中可见汉代遗物较少。

五原塞外列城对阳山汉长城的护卫，东起五原塞外，西至西河郡眩雷塞外。阳山汉长城向西南，依次为西河郡、北地郡、武威郡辖区，一直延伸至河西走廊。在今阿拉善盟北部地区，于巴丹吉林沙漠和庐朐山之间的山地中，还分布有东西绵延的数条城障列亭线路，东接五原塞外列城，西联居延塞卅井候官，似为五原塞外列城的延伸。当然，这里的障城，修筑于山地之中，

1.《汉书》卷94《匈奴传》，中华书局，1962年，第3784页。

2.《汉书》卷94《匈奴传》，中华书局，1962年，第3787页。

因山势而建，无一定规制。这些城障列亭，亦似为外城的组成部分。

《史记·匈奴列传》记载徐自为修筑五原塞外列城："呴犁湖单于立，汉使光禄徐自为出五原塞数百里，远者千余里，筑城鄣列亭至庐朐，而使游击将军韩说、长平侯卫伉屯其旁，使强弩都尉路博德筑居延泽上。"[1]从这段记载中可见，五原塞外列城的确修得很长，远者可达千余里。

光禄塞的城障遗址中，偶尔可采集到黑釉瓷等遗物，据此相关研究者认为其均为西夏沿用，在13世纪早期用以抵御蒙古诸部。蒙古国境内的汉外长城，被俄罗斯、蒙古国的考古学者认定为西夏长城，完全否认其为汉长城。通过本次长城调查工作，结合相关研究成果，认识到，西夏西北边疆边防线的重点在阴山山脉一线，归属黑山威福军司管领。而在阴山山脉以北，唐代以来一直活动着阴山达怛等部族，它们起先归附于辽朝，辽朝灭亡后又羁縻于金朝和西夏，大蒙古国兴起后便倒向了大蒙古国[2]。阴山达怛等部族在阴山山脉以北、大漠之南的草原上活动的时间很长，在五原塞外列城与汉外长城南线、北线的遗址中遗留下一些阴山达怛诸部族的遗物，实属正常。再者，元代以来，这些地区一直活动着蒙古游牧部落，这些黑瓷片也不排除是元代以来的遗物。所以说，汉外长城南线、北线与五原塞外列城均为汉长城，与西夏无关。

至于进入蒙古国境内的汉外长城是否被西夏加筑沿用，也需要作具体分析。从目前俄罗斯、蒙古国考古学者的实地考察来看，庐朐山北麓的汉外长城，沿线障城均为边长130米的规制，与五原塞外列城的障城形制相同。蒙古国境内的汉外长城，属于汉长城是毫无疑问的。与内蒙古境内阴山以北地区一样，庐朐山在唐代以来也长期是阴山达怛部族的驻牧地。在大蒙古国进攻西夏之前，这些部族多羁縻于西夏。大蒙古国进攻西夏之时，一些部族在西夏的支持下，或许进行了一些抵抗。1209年，大蒙古国第三次征伐西夏，据

1.《史记》卷110《匈奴列传》，中华书局，1959年，第2916页。

2.张久和：《阴山达怛史迹钩沉》，《内蒙古大学学报》1999年第2期。

图一

图二

图一
汉外长城南线：包头市达茂联合旗那日图长城1段（西北—东南）
图二
汉外长城南线：巴彦淖尔市乌拉特中旗乌兰格日勒长城28段（南—北）

《元史·地理志》记载，“由黑水城北兀剌海西关口入河西”[1]。从黑水城北到兀剌海西关口，蒙古军似乎是沿着庐朐山北的汉外长城作为行军路线，这也是对活动于这一地区的阴山达怛部族的一次军事征服行动。

汉外长城南线 汉外长城南线墙体最东端起点在今呼和浩特市武川县西乌兰不浪镇董家三号村东，向西北经包头市固阳县、达茂联合旗和巴彦淖尔市乌拉特中旗，向西进入乌拉特后旗，终止于乌拉特后旗潮格温都尔镇西尼乌素嘎查西北36.5千米的荒漠戈壁边缘，西北距中国和蒙古国边境约22千米。墙体总长513.927千米，其中土墙长305.462千米，石墙长106.835千米，消失段落长101.63千米（图一、二）。

1.《元史》卷60《地理志》，中华书局，1976年，第1452页。

汉外长城南线的防御设施，同其他汉长城基本一样，由长城墙体与障城、烽燧等单体建筑组成，障城驻候官，烽燧驻部、燧，构成了完善的军事防御体系。

图三

汉外长城南线共调查烽燧93座，均分布于长城内侧低山丘陵制高点处。烽燧一般是由墩台、坞和积薪垛组成，汉外长城南线烽燧现主要保留有墩台和坞，积薪垛不清。烽燧间距远近不等，低山丘陵地带设置距离相对较近，在1～2千米；地势相对平缓地段设置距离较远，间距可达3～6千米（图三、四）。

图四

汉外长城南线共调查障城126座，绝大部分平面形制为正方形或长方形，可分为大小两类，少量可见圆形障城。大障多建于长城沿线沟谷口及大型河流两岸，边长统一在130米左右，共调查34

图三
汉外长城南线：巴彦淖尔市乌拉特后旗巴音哈少1号烽燧（西—东）
图四
汉外长城南线：巴彦淖尔市乌拉特后旗西尼乌素6号烽燧（南—北）

座。大障的构筑形制为：障墙均为夯筑土墙，墙外有护城壕；四角设有角台；东墙或南墙中部开门，门外带有马蹄形瓮城。大障间的距离，一般在8～14千米。

小障均分布于长城墙体内侧，边长约15米，共调查89座。每相邻两座大障间，布置小障少则3～4座，多则8～9座。小障间距远近不一，山地丘陵地带隔约1千米一座，平缓草原地带一般3～5千米有一座，沟口、河流等重要通道则两岸各设一座。

调查圆形障城3座，分别为红卜其窑子2号障城、黄榆沟障城和巴音满都呼1号障城。3座圆形障城大小各不相同，红卜其窑子2号障城直径150米，功能等同于大障；黄榆沟障城、巴音满都呼1号障城直径分别为11.6米、9米，功能等同于小障。

此外，还调查坞7座，均分布于乌拉特中旗哈拉图—苏布日格支线沿线。坞的平面为正方形或不规则半圆形，边长约5米；坞墙石筑，毛石垒砌而成；南墙中部设门。这些坞应是针对特殊地段，为了加强防御而设置的小型屯兵所。

汉外长城北线 汉外长城北线最东端起点在今呼和浩特市武川县西乌兰不浪镇阿路康卜村西南，西北经包头市达尔罕茂明安联合旗、巴彦淖尔市乌拉特中旗和乌拉特后旗，伸入蒙古国南戈壁省，总长840余千米。内蒙古境内的汉外长城北线墙体全长526.265千米，其中土墙长380.13千米，石墙长7.521千米，

图五

图五
汉外长城北线：包头市达茂联合旗格吉格图长城1段（东南—西北）

消失段落长138.614千米（图五～七）。

内蒙古境内的汉外长城北线沿线，仅调查单体建筑23座，包括障城12座、烽燧11座。12座障城中，靠西的几座障城相互间距在9～19千米，东面的障城分布较零散（图八）。烽燧见于武川县、达尔罕茂明安联合旗境内长城内侧的山丘顶部，距离长城墙体明显偏远，在1～2千米，烽燧间也缺乏呼应关系。墙体沿线单体建筑分布的零散，说明该段长城没有形成系统防御体系。

图六

图八

图七

图六
汉外长城北线：巴彦淖尔市乌拉特后旗巴音努如长城11段（东—西）
图七
汉外长城北线：巴彦淖尔市乌拉特后旗巴音努如长城15段（东—西）
图八
汉外长城北线：包头市达茂联合旗丹山障城（东—西）

第一八章

受降城与光禄城

汉武帝太初元年（前104年），“遣因杅将军公孙敖筑塞外受降城。”[1] 两年后，汉武帝派光禄勋徐自为开始修筑后来所谓的光禄塞，此后汉伐匈奴，或匈奴南下攻汉，均多经“浞野侯赵破奴故道”[2]。

何谓“浞野侯赵破奴故道”？ 太初元年（前104年），匈奴左大都尉与单于产生间隙，欲杀单于而降汉，于是汉朝筑受降城准备迎接左大都尉降众。太初二年，汉朝派浞野侯赵破奴率领2万骑兵出朔方北二千余里，与左大都尉相约浚稽山。浞野侯到了浚稽山后，左大都尉的投降计划泄露，单于杀左大都尉，发兵进攻浞野侯。浞野侯急忙退军，在距离受降城还有四百里的地方被八万匈奴骑兵包围，浞野侯遭生擒，汉军全部投降了匈奴。从浚稽山到受降城的这一条通道，就是“浞野侯赵破奴故道”。

天汉二年（前99年），李陵率步兵5000人北伐匈奴，汉武帝给他的指令是，从居延遮虏障出兵，至东浚稽山南龙勒水，如果不见匈奴，就从“浞野侯赵破奴故道”抵受降城休士。结果李陵在浚稽山与匈奴单于大军遭遇，且战且退，兵败投降匈奴。

浞野侯赵破奴出兵浚稽山，是从朔方郡出塞，受降城位于朔方郡至浚稽山的通道之上；李陵出兵浚稽山，是从居延塞遮虏障出塞。遮虏障、受降城，一西一东分布，均可出兵浚稽山。汉宣帝本始二年（前72年），汉朝发五路大军攻打匈奴，其中祁连将军田广明带领4万余骑，从西河郡出兵，至受降城。

1.《汉书》卷6《武帝纪》，中华书局，1962年，第200页。

2.《汉书》卷54《李广苏建列传》，中华书局，1962年，第2451页。

受降都尉刚刚去世，田广明却与其寡妻通奸。田广明此次出兵，走的应该是西河郡眩雷塞至受降城一线。

综合《史记》《汉书》关于受降城的相关记载，大体可知，受降城位于朔方郡与西河郡之间的阳山汉长城以北，城北有余吾水，汉朝设有受降都尉管理此城。有时匈奴也会占领受降城作为攻汉据点。受降城的具体位置，大体在朔方郡鸡鹿塞、西河郡眩雷塞向北，经庐朐山东麓至漠北的通道之上。匈奴王庭常驻漠北后，“浞野侯赵破奴故道”成为汉匈间的主要通道，受降城位于这条通道上的大漠南端，成为汉朝北伐匈奴的桥头堡，也是匈奴南下漠南的必经之地。

汉宣帝甘露三年（前51年），匈奴呼韩邪单于从五原塞南下，赴长安谒见汉宣帝。呼韩邪单于向汉宣帝表忠心，“自请愿留居光禄塞下，有急保汉受降城。”[1]光禄塞下就是阳山汉长城以北的漠南草原，如果漠北匈奴南下攻汉，则呼韩邪单于将守住受降城。从这一条史料可看出，受降城还较光禄塞偏北。

近年来，俄罗斯考古学者对蒙古国境内汉外长城以北的巴彦布拉格障城进行了发掘，认为是汉代受降城[2]。蒙古国境内的汉外长城，位于庐朐山北麓东西一线，起到保卫庐朐山并连接光禄塞、居延泽长城的作用。巴彦布拉格障城位于汉外长城以北的山地之间，似为汉外长城的塞外障。至于“浞野侯赵破奴故道”，还在巴彦布拉格障城以北一线。近年来，蒙古国的考古学者在巴彦布拉格障城东北70千米处发现有 oortoo nooyonne haruul yin balgas（具体位置：北纬43° 3'36.83"、东经105° 46'52.96"），意为“宫廷官员镇守之城”。古城规模颇大，地表散布有汉代陶片等遗物，与推定的受降城位置较为吻合。

与光禄塞、受降城相关联的，还有一个光禄城，似为光禄勋徐自为所筑。

1.《汉书》卷94《匈奴传》，中华书局，1962年，第3798页。

2.A.A. 科瓦列夫著，权乾坤译《蒙古国南戈壁省巴彦布拉格要塞遗址（汉受降城）的考古发掘及西汉时期外部防御相关问题研究》，《草原文物》2015年第2期。

《汉书》之中，有两处提到光禄城，除《汉书·地理志》“五原郡”条下以光禄城作为北出石门障的首城外，《汉书·宣帝本纪》亦记载有光禄城。汉宣帝甘露三年（前51年），匈奴呼韩邪单于第一次赴长安觐见汉宣帝之后，“居幕南，保光禄城。”[1]同一事件，《汉书·匈奴传》的表述是：“单于自请愿留居光禄塞下，有急保汉受降城。”[2]

《水经注》在记述石门障时，亦提到光禄城。《水经注》在《水经》的“又东过临沃县南”一句下注曰：“河水又东流，石门水南注之，水出石门山。《地理志》曰：北出石门障。即此山也。西北趣光禄城。甘露三年，呼韩邪单于还，诏遣长乐卫尉高昌侯董忠，车骑都尉韩昌等，将万六千骑，送单于居幕南，保光禄徐自为所筑城也，故城得其名矣。城东北，即怀朔镇城也。其水自障东南流，径临沃城东，东南注于河。”[3]通过《水经注》的这段记载可知，从石门障向西北可达光禄城，光禄城的修筑与光禄勋徐自为有关，光禄城东北为北魏怀朔镇城。

北魏怀朔镇，一般认为是位于今包头市固阳县怀朔镇城圐圙村西南500米处的白灵淖城圐圙古城。从古城向西南约2千米，昆都仑河上游五金河流入山区，五金河西岸有一座孤山，孤山西侧有一条小河，两河于孤山西南交汇，将孤山包围了起来。孤山之上分布有一座古城，当地人称作黑山寨（图一）。黑山寨古城依山势布局，整体呈不规则四边形，东、南、北三面均筑有墙体，西墙遭五金河支流河水冲毁殆尽，周长2620米。墙体有土夯者，也有石砌者，东、南、北三面墙体之上共保留有24座马面。城门位于北墙偏东一处沟口处，此段墙体内凹，城门宽约15米（图二）。古城地表采集遗物多以瓦片、陶片为主。瓦片有筒瓦、板瓦等，均外壁素面，内壁饰布纹，檐板瓦檐头有指压装饰。

1.《汉书》卷8《宣帝本纪》，中华书局，1962年，第271页。

2.《汉书》卷94《匈奴传》，中华书局，1962年，第3798页。

3.《水经注》卷3《河水》，陈桥驿校证本，中华书局，2007年，第78页。

图一
黑山寨古城与白灵淖城圐圙古城平面位置关系示意图
图二
黑山寨古城平面示意图

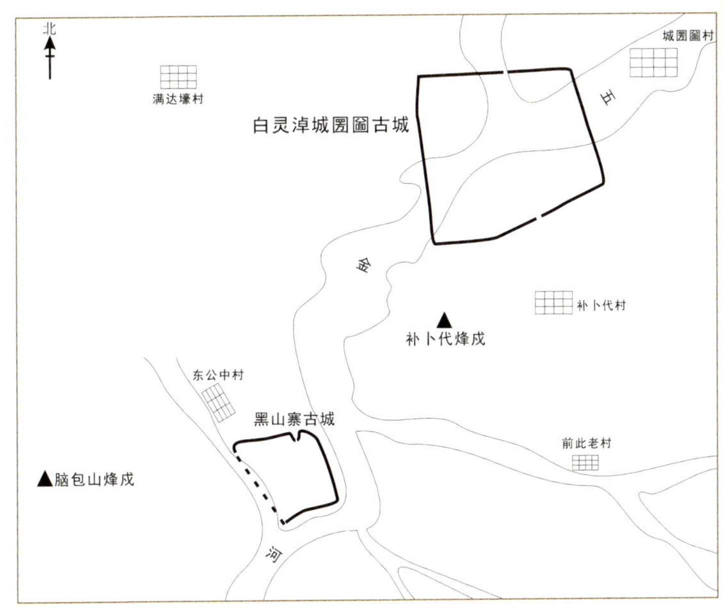

图一

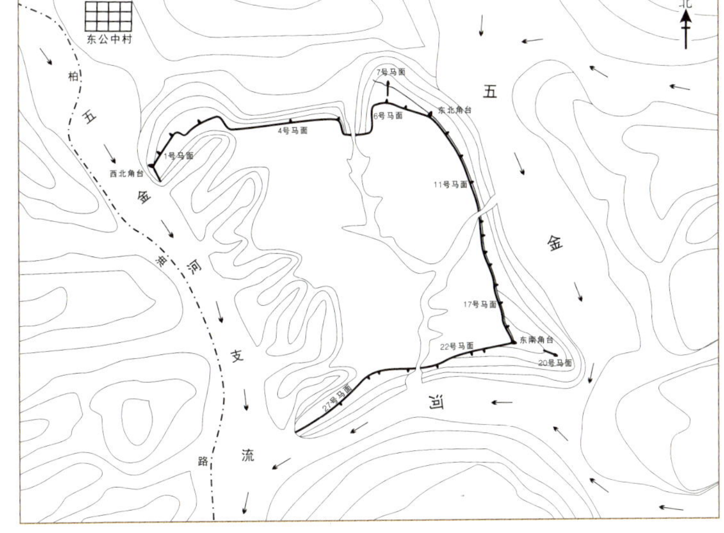

图二

陶器有泥质灰陶盆、陶壶残片，器表上施平行划线纹、磨光暗纹等，外唇有施戳印纹者。

据《魏书·太祖纪》记载，登国六年（391年），道武帝拓跋珪“秋七月壬申，讲武于牛川，行还纽垤川。慕容垂止元觚而求名马，帝绝之。乃遣使于慕容永，永使其大鸿胪慕容钧奉表劝进尊号。其月，卫辰遣子直力鞮出棝杨塞，侵及黑城。九月，帝袭五原，屠之。收其积谷，还纽垤川。于棝杨塞北，树碑记功。”[1]这一段史料中，提到出棝杨塞，侵及黑城。初步考证，黑山寨古城即为黑城，延和二年（433年）设镇时即在黑城，初名黑城

1.《魏书》卷2《太祖纪》，中华书局，1974年，第24页。

镇，后迁址于东北2千米的平地之上，改名怀朔镇，但黑城仍在使用。

从《水经注》关于光禄城与怀朔镇的相对位置来看，黑山寨古城极有可能是光禄城。稒阳塞起自五当沟南口，过石门，穿越五当沟，进入明安川后西北行至昆都仑河，再顺着昆都仑河北过阳山汉长城，出阳山汉长城后才算"北出石门障"。黑山寨古城位于阳山汉长城外约10千米的孤山之上，军事功能明显。北魏立国之初，不可能独立建城，只是利用前朝城邑，登国六年（391年）的黑城应该就是光禄城。光禄城是原本的城邑名称，黑城是北方游牧民族一种新的叫法，如明代的归化城与库库和屯一样。当然，郦道元还是知道此城为汉代光禄城的。如果能够从黑山寨古城之中辨识出一些汉代遗物，就更能说明问题了。

光禄城是稒阳塞外、光禄塞东端的一座中心军事城邑，而受降城是光禄塞西北端之外的一座城邑，呼韩邪单于附汉后，留居光禄塞下，平时可驻光禄城，一旦有危急情况，则可保受降城。于是，北出石门障的支就、头曼、虖河、宿虏四城，应当位于光禄城与受降城之间的光禄塞下，呈东南 — 西北一线排列。这些城邑，有光禄塞的军事指挥中心，也有塞外城障，每个城邑向南均对应于汉代沟通阴山南北的通道；如果从石门障出兵受降城，则可能需依次经过这些城邑。

在汉外长城北线边外，从受降城向东，依次可见蒙古国境内的Mangasyn khuree城和乌拉特中旗的白音郭勒古城。Mangasyn khuree城为一座边长约140米的障城，具体经纬度为东经107°24'14.41"、北纬42°33'45.08"，西距受降城约140千米，东距白音郭勒古城约125千米，南距最近的汉外长城北线墙体约50千米，与高阙塞大体呈正南北方向。白音郭勒古城位于汉外长城北线北约7千米处，为一座有着三重城垣的古城。外城平面大致呈长方形，南北长440米，东西宽400米；中城平面大致呈正方形，边长约230米；内城平面大致呈正方形，东西长85米，南北宽75米。白音郭勒古城向南与海流图河穿越罕乌拉山的芦草沟大体在南北一线之上。受降城与 Mangasyn khuree 城、白音郭勒古城，均为塞外城障，后两者可能为宿虏城、虖河城。

从黑山寨古城至白音郭勒古城之间，要穿越汉外长城南线、北线，支就城、头曼城应位于南线以南与南线、北线之间。下面，做一些大胆的推测：包头市达茂联合旗汉外长城南线南侧有高勒音鄂黑古城，向南与小佘太川、增隆昌古城大体南北相对，或即支就城；乌拉特中旗汉外长城南线与汉外长城北线之间有海力素古城，向南与摩棱河河谷大体南北相对，可能为头曼城。

北魏时期，光禄城被加筑沿用，俗称黑城。受降城也还在继续发挥着军事上的作用。太平真君九年（448年）十二月，太武帝拓跋焘北伐柔然，至于受降城，不见柔然，在城内存积粮食，派兵守卫[1]。从稒阳塞至受降城，汉魏时期的军事交通作用显著，一定程度上可以说是有史记载的最早的“草原之路”。

1.《魏书》卷4《世祖纪》，中华书局，1974年，第103页。

第一九章

昭君出塞

一　历史上的昭君出塞

西汉前期，匈奴强而汉弱，汉朝对匈奴采取“和亲”等策略，送家人子、宗室女和絮、缯、酒、米等于匈奴，双方结为昆弟，以隐忍、退让换取和平。

汉宣帝地节二年（前68年），在西汉王朝持续不断的打击之下，匈奴势力大损，内乱不断，对汉朝已难以构成威胁。在此种情形之下，汉朝罢省了外城防御。此后，匈奴内部发生了分裂，在与郅支单于争权中失利的呼韩邪单于主动内附，于甘露三年（前51年）赴长安觐见汉宣帝，愿驻牧于光禄塞下，为汉朝保卫边疆。

汉元帝建昭三年（前36年），汉朝西域都护甘延寿、副都护陈汤发兵，诛杀了避居于康居的郅支单于。呼韩邪单于又喜又惊，提出了与汉朝和亲、做皇帝女婿的请求。从西汉前期的结为昆弟到自愿做汉朝女婿，匈奴单于与汉朝皇帝之间的关系，落差很大。西汉前期嫁于匈奴单于的名义上是公主，实际上是家人子、宗室女。与呼韩邪单于的和亲，直接赐予的是良家子、待诏掖庭王昭君。何谓待诏掖庭？应劭注释曰：“郡国献女未御见，须命于掖庭，故曰待诏。”[1]

汉元帝竟宁元年（前33年），呼韩邪单于第三次赴长安，迎娶王昭君。《汉书·元帝纪》中，用大量笔墨描述了这一重要的政治事件：“竟宁元年春正月，

1.《汉书》卷9《元帝纪》，中华书局，1962年，第297页。

匈奴呼韩邪单于来朝。诏曰：'匈奴郅支单于背叛礼义，既伏其辜，呼韩邪单于不忘恩德，乡慕礼义，复修朝贺之礼，愿保塞传之无穷，边垂长无兵革之事。其改元为竟宁，赐单于待诏掖庭王樯为阏氏。'"[1]王昭君为南郡秭归人，名樯，字昭君，被汉元帝直接封为单于阏氏，号宁胡阏氏。改元"竟宁"，边境安宁也。

《汉书·匈奴传》对这一事件的记叙也很详细，但侧重在是否"罢边备塞吏卒"的讨论上。呼韩邪单于迎娶王昭君后，又主动上书愿为汉朝守边，"保塞上谷以西至敦煌，传之无穷，请罢边备塞吏卒，以休天子人民。"[2]很多汉朝大臣认为可以罢边塞，将边防交于呼韩邪单于守卫。此时，郎中侯应提出了十条理由反对罢边塞，主旨是，长城是汉朝防御匈奴的国防大计，如果轻易交于匈奴人，稍有不测，国家便会出现危险。汉元帝认为侯应言之有理，回绝了呼韩邪单于罢边塞的提议。

昭君出塞促进了汉匈间的友好往来，但也不能无限地予以夸大。在汉匈关系中，起决定作用的，还是硬实力，汉王朝以强盛的国力实现了对匈奴的绝对压制。

二　传说中的昭君出塞

《汉书》是记载"昭君出塞"事件的第一手史料。《后汉书》虽亦为官方正史，但在记述这一事件时，加入一些类似宫闱秘史的不实内容。如《后汉书·南匈奴列传》记载："时呼韩邪来朝，帝敕以宫女五人赐之。昭君入宫数岁，不得见御，积悲怨，乃请掖庭令求行。呼韩邪临辞大会，帝召五女以示之。昭君丰容靓饰，光明汉宫，顾景裴回，竦动左右。帝见大惊，意欲留之，而

1.《汉书》卷9《元帝纪》，中华书局，1962年，第297页。

2.《汉书》卷94《匈奴传》，中华书局，1962年，第3803页

难于失信，遂与匈奴。”[1]这样的描写，意在强调昭君的美貌，却不符合历史事实。《后汉书》已属于研究“昭君出塞”事件的第二手史料了。

从《后汉书》的这一记载出发，东晋葛洪所撰《西京杂记》演绎了画工毛延寿故意将王昭君画丑的故事。唐代出现了敦煌本《王昭君变文》。《西京杂记》为历史笔记小说，《王昭君变文》为民间文学故事，已超出了“昭君出塞”事件的史料学范畴。

唐代，王昭君的故事流传非常广泛，出现了很多以昭君为题材的诗文。也就是在这一时期，今天呼和浩特市大黑河畔的“王昭君墓”，以青冢为名，开始进入人们的视野（图一）。

图一

图一
大黑河畔“王昭君墓”（南—北）

1.《后汉书》卷89《南匈奴列传》，中华书局，1965年，第2941页。

三　昭君出塞的路线

甘露三年（前51年），呼韩邪单于第一次赴长安，从五原塞入边，由鸡鹿塞出边。从五原塞南下长安，走的应是直道；从长安北上鸡鹿塞，途经宁夏平原较为便捷，不过走直道亦可，从鄂尔多斯高原北部或包头平原再转入后套平原。

呼韩邪单于第一次赴长安，汉宣帝高规格接待，赏赐甚多。返回的路上，“汉遣长乐卫尉高昌侯董忠、车骑都尉韩昌将骑万六千，又发边郡士马以千数，送单于出朔方鸡鹿塞。诏忠等留卫单于，助诛不服，又转边谷米糒，前后三万四千斛，给赡其食。是岁，郅支单于亦遣使奉献，汉遇之甚厚。明年，两单于俱遣使朝献，汉待呼韩邪使有加。明年，呼韩邪单于复入朝，礼赐如初，加衣百一十袭，锦帛九千匹，絮八千斤。以有屯兵，故不复发骑为送。”[1]三年之内，呼韩邪单于两赴长安，当中一年呼韩邪单于与郅支单于均派使臣赴长安。如此频繁的交往，沿途需设置专门的驿馆，并屯兵保护，只有直道能够担负起这些功能。所以，呼韩邪单于迎娶王昭君后，从长安向北走的应是直道。

直道总体上是一条南北向的驿道，很多地段开山为道，南北贯通（图二），于是有的文物地图集想当然地将直道标作了一条直线。实际上，将直道修成一条直线是不可能的，迂回曲折在所难免。鄂尔多斯市境内的直道沿线，由南向北分布有伊金霍洛旗红庆河古城，东胜区苗齐圪尖障城、城梁古城，达拉特旗二狗湾古城。红庆河古城和城梁古城，均为西汉西河郡属县。

一般认为，直道在二狗湾古城附近过黄河，再向东北至麻池古城（秦汉九原县）。二狗湾古城位于黄河南岸3千米处的一座土阜之上，古城墙体依土阜的边缘而建，平面大体呈不规则长方形，东西长约1100米、南北宽200～420米，周长约2720米（图三）。该城址以前多认为是汉代五原郡河阴县治所。莫

1.《汉书》卷94《匈奴传》，中华书局，1962年，第3798～3799页。

图二

图三

久愚通过实地考察，结合《水经注》关于汉代宜梁县在北魏时期被称作“石崖城”的记载，考证该古城为汉代五原郡宜梁县，北魏沿用为石崖城，是非常有见地的[1]。清代以前，二狗湾古城所在土阜位于黄河以北，清代以来由于黄河的改道才移至黄河以南。王昭君经直道北上，过黄河抵达宜梁县，宜梁县也有一座“昭君坟”。当然，达拉特旗传说的“昭君坟”，只是二狗湾古城东北不远处的一座石山（图四）。唐代称昭君坟石山为拂云堆，突厥人在石山上建立了神祠，定时祭拜，唐朝则于二狗湾古城所在土阜之上兴筑了中受降城。

从二狗湾古城向东北约20千米，至麻池古城，

图二
鄂尔多斯市直道遗迹（北—南）
图三
二狗湾古城北墙东段（西—东）

1. 莫久愚：《昭君坟、石崖城与达拉特旗段黄河——关于〈中国历史地图集〉相关注记的考疏》，《西部资源》2010年第1期。

图四
从二狗湾古城远眺昭君坟石山（西南—东北）

之间有召湾汉墓群。召湾汉墓群位于麻池古城西南5.5千米处，发掘的土圹木椁墓的椁外、椁顶和椁底填塞有废弃的砖瓦陶片，其中包含有“单于和亲”“单于大降”“四夷尽服”等文字瓦当（图五～七）。这些瓦当，原来可能用于接待呼韩邪单于和王昭君的驿馆建筑之上。驿馆废弃后，被用作了墓葬填充物，起到防潮的作用。

关于“单于大降”瓦当，学界争议较多，有认为应读作“单于天降 xiang”的[1]，也有认为应读作“单于天降 jiang”的[2]。近年来，中国丝绸博物馆对新疆尼雅遗址出土的汉代“五星出东方利中国”织锦作了复原，织锦上的吉祥文字，全文为“五星出东方利中国诛南羌四夷服单于降与天无极”。织锦文字中

1. 张海斌：《包头出土的“单于天降”和“单于和亲”瓦当》，《中国·内蒙古首届草原文化研讨会论文集》，2004年。

2. 蔡美彪：《成吉思及撑黎孤涂释义》，《中国史研究》2007年第2期。

图五

图六

图七

图五
召湾汉墓出土“单于和亲”瓦当
图六
召湾汉墓出土“单于大降”瓦当
正面
图七
召湾汉墓出土“单于大降”瓦当

的“四夷服”，加一个表示程度的副词“尽”，成为“四夷尽服”瓦当文字；“单于降”类似，加一个表示程度的副词“大”，成为“单于大降 xiang”瓦当文字。“大降”前的“大”字，是“大”还是“天”，经请教上海市松江博物馆杨坤馆长，他认为：对于熟悉古文的汉代人士，都可以；主要还是艺术考虑，顶部装饰一下，视觉上压得住，“单”字的写法亦是如此。综此，与“四夷尽服”对应的，较合理的是“单于大降 xiang”。

昭君出塞的路线，大体可复原为：经直道北行，在今达拉特旗昭君镇一带过黄河，至宜梁县，再从宜梁县向东北至九原县附近，从九原县北出高渠谷（今昆都仑沟），进入五原塞，再走今昆都仑河南北一线出五原塞抵达光禄城（今包头市固阳县黑山寨古城），进入漠南光禄塞。

四 王昭君在匈奴的境遇

王昭君竟宁元年（前33年）入匈奴，建始二年（前31年）呼韩邪单于去世，二人育有一子，名伊屠智牙师，后为右日逐王。

呼韩邪单于死后，其与大阏氏生的长子雕陶莫皋继位，为复株絫若鞮单于。依照北方民族收继婚的习俗，复株絫单于复妻王昭君，生二女，长女云为须卜居次，小女为当于居次。鸿嘉元年（前20年），复株絫单于去世，他的同母弟且麋胥继立，为搜谐若鞮单于。若依收继婚习俗，王昭君应再嫁搜谐若鞮单于，但此时已无王昭君信息。昭君可能已先复株絫单于去世。

《后汉书·南匈奴列传》关于昭君和亲，虽多有不实之词，但也个别反映了《汉书》没有的客观情况。昭君作为一介良家子，入宫后命运是不由自己掌控的，被皇帝赐予呼韩邪单于，完全是被动的。《后汉书·南匈奴列传》所谓

“昭君入宫数岁，不得见御，积悲怨，乃请掖庭令求行。”[1]这种情况是不可能发生的。昭君出塞，与很多被迫嫁于胡族的无论是公主还是宗室女一样，是不情愿的。《后汉书·南匈奴列传》记载曰：“及呼韩邪死，其前阏氏子代立，欲妻之，昭君上书求归，成帝敕令从胡俗，遂复为后单于阏氏焉。”[2]入匈奴后，一个南方女子，是很难适应北方草原的气候、饮食与风俗人情的。所以，呼韩邪单于死后，昭君上书求归，还是符合客观实际的。

汉代女子出嫁的年龄是15岁，昭君出塞之时，年龄不会超过18岁。到复株累单于去世时，昭君如果活着的话，也只有40岁左右。也就是说，王昭君在40岁前，就已经离开人世了。

王昭君能够待诏掖庭，肯定是一个聪慧的姑娘。王昭君能够被皇帝挑选为单于阏氏，表明她有自己的思想，对一些事情能够作出政治正确的判断。所以，昭君出塞，在《汉书》《后汉书》中均留下了大量笔墨，不但出于呼韩邪单于附汉事件的重要性，而且也应当与王昭君本人出塞后对匈奴的一些影响有关。尤其是昭君的后人，还在为汉匈和平奔走于长城内外。

五　余论

昭君出塞，是皇权社会中，一个平民女子被作为政治交易牺牲品的悲剧事件。在历史发展的长河中，昭君出塞被后人赋予了各色各样的时代特色和个人情感，已不仅仅是一个历史人物，而化身为一个传奇，位列中国古代四大美女之一。

自唐代以来，一直被认定为“王昭君墓”的青冢，其中包含了丰富的文化

1.《后汉书》卷89《南匈奴列传》，中华书局，1965年，第2941页。

2.《后汉书》卷89《南匈奴列传》，中华书局，1965年，第2941页。

内涵与人文情节，今天更是成为内蒙古自治区民族团结的象征。对“王昭君墓”性质的辨析，并不会影响寄托于青冢之上的昭君情怀；对于长城内外和平生活的追求与向往，对于美貌勇敢女性的倾慕与赞扬，将以青冢为依托，永世颂扬与流传。

第二〇章

居延

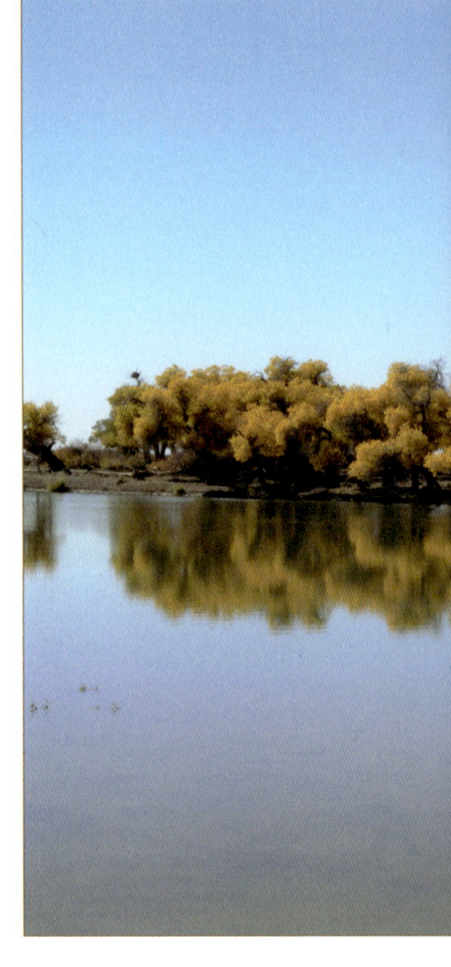

发源于祁连山的黑河，流经河西走廊，最终注入额济纳旗的居延海。处于大漠之中的额济纳旗，在黑河水、居延海的滋润下，形成了3万余平方千米的绿洲。大漠、绿洲，黑河、居延海，胡杨、红柳，居延汉简、黑城文书，土尔扈特蒙古部落，共同组成了额济纳旗独特的文化符号（图一）。

关于黑河的最早记载，见于《尚书·禹贡》，曰："导弱水，至于合黎，馀波入于流沙。"《禹贡》为战国时人著作，针对当时诸侯称雄割据的混乱局面，托名于大禹，提出了一个国家统一之后的理想化治国方略，包含了九州、五服等政治地理概念。弱水沿岸的土著居民使用皮筏济渡，古人往往认为是水弱不能载舟，因称弱水；晋人郭璞称流沙"形如月生五日"，描摹流动的沙丘犹如初五日的新月形状。《禹贡》的记载表明，战国时期的华夏民族已经将黑河纳入了中国的地理观念之中。

而居延作为一个历史地名，最早见于《史记》的记载。汉武帝元狩二年（前121年）夏天，"骠骑将军复与合骑侯数万骑出陇西、北地二千里，击匈奴。过居延，攻祁连山，得胡首虏三万余人，裨小王以下七十余人。"[1]这是汉朝的

1.《史记》卷110《匈奴列传》，中华书局，1959年，第2908页。

图一
黑河与金秋胡杨

军队第一次达到居延。这里的居延，包括了今天河西走廊以北的整个黑河流域；当时的黑河，可能就叫居延水，居延水下游形成的湖泊为居延泽。

20世纪70年代，甘肃居延考古队在对肩水金关遗址的试掘中，获得一枚武帝元狩四年（前119年）简，由此说明，元狩二年骠骑将军霍去病“过居延”之后，汉朝便开始在居延地区屯兵经营了。当然，这一时期的塞防建设，集中于后来的肩水都尉府辖区之内。

太初三年（前102年），西汉王朝将北部边塞防线一举扩展至阴山山脉以北的丘陵草原之上，光禄勋徐自为修筑了五原塞外列城。同年，强弩都尉路博德“筑居延泽上”[1]；同一条史料，《汉书·武帝纪》作“筑居延”[2]。《史记·大宛列传》的记载略为详细，汉朝“益发戍甲卒十八万，酒泉、张掖北，置居延、休屠以卫酒泉”。[3]通过这些零散的记载，可知汉朝于太初三年设置了居延都尉府，开始在居延泽地区修筑军事障塞。居延都尉府的第一任都尉是强弩都尉路博德，他最后死于任上。

居延地区的障塞，大体可分为两大体系，一个是居延塞，一个是居延泽长城。居延塞属于张掖郡的主防线，包括肩水都尉府、居延都尉府辖区，其中肩水都尉府所属障塞开始修建于元狩二年（前121年），居延都尉府所属障塞修建于太初三年以后。居延泽长城属于外城塞防体系，建于太初三年（前102年），开始主要是保卫肩水都尉府障塞，后来居延都尉府所属障塞日益完备之后，居延泽长城的作用减弱，与其他外城一样，于汉宣帝地节二年（前68年）罢省。

居延都尉府是西汉时期居延泽地区的最高军事指挥机构，隶属于张掖郡太守管辖，下设军事建制主要有三大候官，分别为北部一线的殄北候官、西部一线的甲渠候官、南部一线的卅井候官。每个候官下辖若干部，部下设若干燧。古代的黑河在红城以南一带分作向北流、向东流两个枝杈，在三个候官与东部的居延泽之间，向东流的黑河形成了一片冲积扇绿洲，绿洲的存在使发展农业成为可能。只是后来由于黑河向东流枝杈的断流，这一片绿洲才逐步荒漠化，这大约是发生在明代以后的事情。

据目前掌握的考古调查资料，居延泽地区的汉代遗存，除隶属于三个候官的障城、烽燧、天田等遗迹外，位于居延绿洲之中的汉代遗址主要有城障6

1.《史记》卷110《匈奴列传》，中华书局，1959年，第2916页。

2.《汉书》卷6《武帝纪》，中华书局，1959年，第201页。

3.《史记》卷123《大宛列传》，中华书局，1959年，第3176页。

座、烽燧24座。6座城障，分别为K688城（一名雅布赖城）、K710城、白城、K749城（一名温都格城）、绿城、红城。这6座城障，可分为四种类型：K688城、K710城、白城属于一类，均边长近130米；K749城是一类，规模较小，且分为内、外城结构；绿城是一类，为规模最大的椭圆形城址；红城与A1障、A8障、P9障属于同一类型，主障边长23.1米，为候官治所。

《汉书·地理志》"张掖郡"条下记载："居延，居延泽在东北，古文以为流沙。都尉治。"[1]这里的居延指居延县。据此，一般认为居延都尉府与居延县同治，中瑞西北科学考察团首先提出K710城为汉代居延城的观点，学术界持为定论，把K710城直接称为居延城。陈梦家先生考证K710城为居延县城；另一方面，他又提出居延都尉府治所不在居延县城，而在甲渠候官治所A8障，并指出K688城可能是遮虏障[2]。历史地理学者李并成又提出新说，认为K688城当为居延都尉府治所，而K710城则有可能是遮虏障，至于居延县城则在靠南的绿城[3]。

归结起来，关于居延都尉府治所目前主要有以下三种观点：一是在K710城；一是在A8障；一是在K688城。甘肃居延考古队于1973～1974年对A8障作了正式发掘，不支持其为居延都尉府治所的观点。至于K710城、K688城，本文同样不支持它们为居延县或居延都尉府治城。

2008年，在居延地区新发现了白城，其规模与K710城、K688城大体相同，平面大致呈正方形，边长近130米。三城大致呈一条直线分布于居延泽的内侧，K710城居中，其他二城分列左右；K710城四角有角台，南门外有方形瓮城，而其他二城均无角台、瓮城（图二～五）。K710城居于三城中的主导地位，其他两城起到协同防御的作用。这种130米见方的古城，是光禄塞障城的标准形制。

1.《汉书》卷28《地理志》，中华书局，1962年，第1613页。

2. 陈梦家：《汉简考述》，《考古学报》1963年第1期。

3. 李并成：《汉居延县城新考》，《考古》1998年第5期。

图二

太初三年，光禄勋徐自为筑五原塞外列城，强弩都尉路博德同时“筑居延”，则位于居延泽北岸的居延泽塞墙与上述三城均应为“筑居延”的遗存，可单独命名为居延泽长城。居延泽长城与光禄塞同属于西汉外城防御体系，二者之间有修筑于今天蒙古国境内的汉外长城相连接。公元前68年“汉罢外城”，居延泽长城在罢省之列。

居延泽长城失去了军事防御功能后，K710城可能还在继续使用，但性质已演变为军事屯田城。K710城西50米处有一条南北向的水渠，城内散布遗物中，粮食加工工具石磨盘很多；此外，城内还见有许多大小不等的方形坑，尺寸一般为1.1米×1.7米，应为储粮窖穴。

李并成认为绿城为

图三

图二
K710城航拍图（上为北）
图三
K688城东南角城墙（西—东）

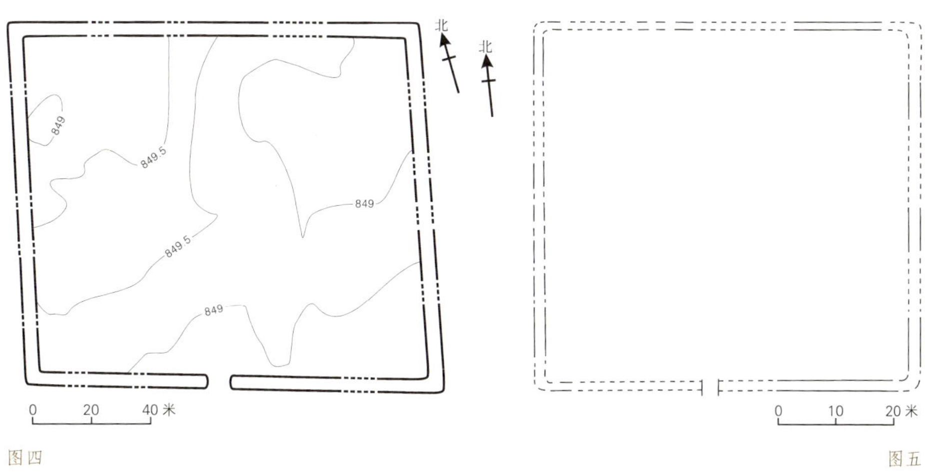

图四

图五

居延县，有如下几点理由：第一，绿城位于居延绿洲的腹地，距离边塞有一定距离，便利于民事活动；第二，绿城周围的垦区，在整个居延地区是规模最大的；第三，绿城平面呈不规则的椭圆形，东西最长450米、南北最宽280米，周长约1200米，其规模是居延泽地区6座汉代城障中最大的（图六）；最后，甲渠候官治所A8障出土汉简中，有甲渠候官距居延县城七十五里（约合31千米）或八十里（约合33千米）的记载，与A8障至绿城的距离（鸟道约28千米）大体符合。

除李并成的上述四点理由外，笔者还可提出两点：第一，绿城周围分布着数量众多的汉墓群，部分墓葬旁侧有夯土高台，表明墓葬规格较高。这样大规模的汉

图六

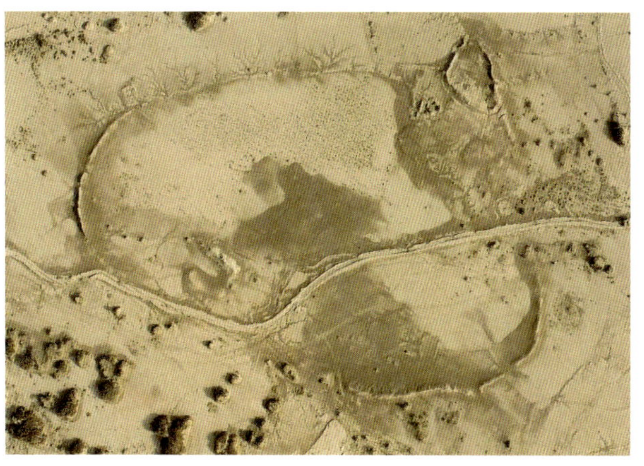

图四
K688城平面图
图五
白城平面图
图六
绿城航拍图（上为北）

墓群与规格较高的高台汉墓，是居延地区其他古城周边所不见的。生居死葬，表明活动于绿城一带的汉代人口众多，且有很多富家大族；第二，绿城城内北部，考古发掘出土有青铜时代的房址、墓葬等遗存，其年代晚于四坝文化，但又与四坝文化存在某些联系。从绿城向西一线有黑城、大同城等古代大型城址，前者为西夏黑水镇燕军司治所，元代沿用为亦集乃路，后者为隋代大同城镇，唐代先后沿用为同城镇、安北都护府、同城守捉、宁寇军等军事机构。绿城—黑城—大同城一线，明代以前长期为居延地区古代人类活动的中心所在。

以前，对绿城的性质认识不清，主要是由于其椭圆形城的形制、地表缺乏遗物等因素造成的。绿城北部有一大片青铜时代的文化层，绿城北墙即建于这处遗址之上，表明城址的年代要晚于青铜时代。绿城之内散布有汉代遗物，但作为汉代县城的文化层却不多见，主要是由于元代修建的一条水渠从古城当中穿过，对汉代遗存破坏严重，反而使它的真正面目隐而不显了。再者，以前有的学者将绿城周围的高台墓葬定性为魏晋墓，也是造成认识不清的一个因素。

关于居延县的具体设置时间，史无明文，应晚于居延都尉府。随着居延塞防体系的建立和屯田的发展，才有必要设立居延县管理民事。据《汉书·食货志》记载，武帝末年推行代田法，“令命家田三辅公田，又教边郡及居延城。”[1]这里的居延城应指居延县城，则居延县在武帝末年肯定是存在的了。由于地处居延绿洲腹地，对军事防御功能的要求不高，所以今天见到的绿城城墙反而显得单薄，椭圆形构制也较为随意。

依据《汉书·地理志》的记载，居延都尉府与居延县似乎同治一城。但据对居延汉简的研究，在北流黑河（一名额木讷高勒）的东侧，汉代有一条南北向的邮驿道路，居延都尉府位于这条道路之上。黑河东侧邮驿道路上的城障，

1.《汉书》卷24《食货志》，中华书局，1962年，第1139页。

自北向南有K688城、K749城、红城，哪一个为居延都尉府治城呢？K688城于公元前68年便失去了军事功能，且其之前也只是起到呼应K710城的作用，规格明显与居延都尉府不符。红城为一座边长23.1米的障城，与A8障的主障规格相同；A8障有关厢，红城无关厢（图七～一〇）。有关厢的A8障为甲渠候官治所，无关厢的红城显然难以担负居延都尉府的职责。

居延都尉府的治所，只能是位于K688城西南约6.8千米处的K749城。K749城为内、外城结构，保存较好的夯土城墙宽约3米，残存最高可达5米。外城平面呈长方形，东西长90米，南北宽65米；内城位于外城中部，平面呈正方形，边长28米（图一一、一二）。古城地表散布大量灰陶片，为典型汉代遗物。K749城的内、外城结构，规格明显高于A8障等候官治所。而且，K749城的位置向西靠近甲渠候官，向北与殄北候官、向南与卅井候官的距离大致相仿，这样

图七

图八

图七
红城航拍图（上为北）
图八
红城全景（东南—西北）

图九

图一一

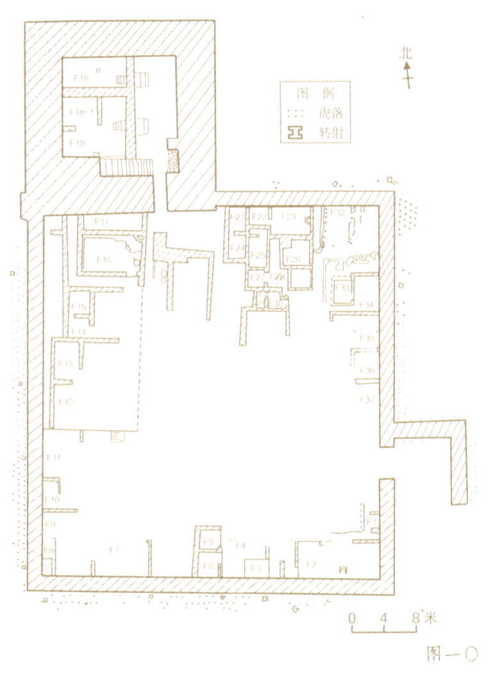

图一〇

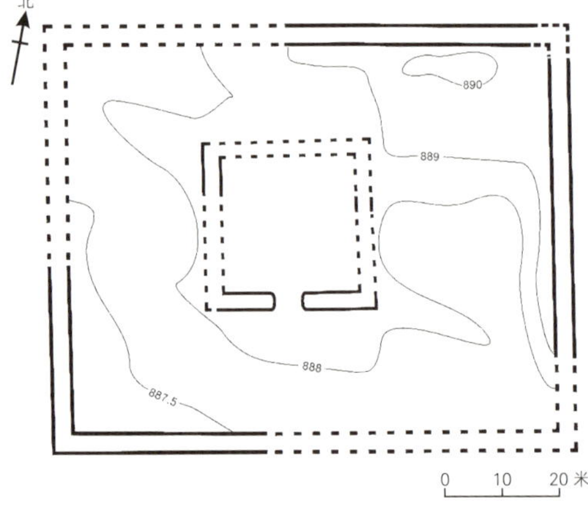

图一二

图九
甲渠候官治所A8障城内部（东南—西北）
图一〇
甲渠候官治所A8障平面图
图一一
K749城航拍图（上为西北）
图一二
K749城平面图

便于对三个候官的协同指挥。

《汉书·地理志》“张掖郡居延”条下，颜师古注曰：“阚骃云武帝使伏波将军路博德筑遮虏障于居延城。”[1]天汉二年（前99年），骑都尉李陵北伐匈奴，汉武帝的诏书中提到“出遮虏障”，而《汉书》在记述李陵出兵时，则记作“出居延”[2]。李陵率5000步卒与匈奴单于在浚稽山遭遇，因寡不敌众，又得不到路博德的支援，力战不能突围，最后投降匈奴。

颜师古注认为遮虏障修筑于居延城，这里的居延城是居延县城还是居延都尉府治城，不清楚。颜师古注的史料价值不大。有人推测，绿城之中现存的一座高台，即遮虏障。这座高台的具体年代与性质，目前尚不清楚；再说，在县邑之内，怎么会放置一座障城呢？最大的可能性是：居延都尉府治遮虏障，K749城即名为遮虏障。汉代都尉治障的例子是很多的，如武威郡休屠都尉治熊水障，酒泉郡北部都尉治偃泉障。

居延汉简有“遮虏田舍”的记载，见于《居延汉简释文合校》127：7：“田舍再宿又七月中私归遮虏田舍一宿。”这条简文表明，遮虏障周边有田舍。期望更明确简文的发现。

对居延汉简的研究表明，到西汉昭帝、宣帝之时，居延地区曾大量建筑障塞，殄北、甲渠、卅井三个候官的塞防体系趋于完备，红城可能建于这一时期。红城是何种军事建制呢？有的研究者认为，居延都尉府之下还有一个独立的候官——居延候官。这种观点，主要是依据出土汉简简文中有“居延塞”“居延候官”“居延塞尉”的称谓而推定。“塞尉”往往简称“尉”，也称“障尉”，是候官长吏之一。如果居延候官确实存在的话，其治所只能是红城了，管理黑河以东一线的塞道及其防御。公元前68年之前，居延都尉府管辖殄北、甲渠、卅井三个候官与居延泽长城；公元前68年之后，居延泽长城罢省，居

1.《汉书》卷28《地理志》，中华书局，1962年，第1613页。

2.《汉书》卷54《李广苏建传》，中华书局，1962年，第2451页。

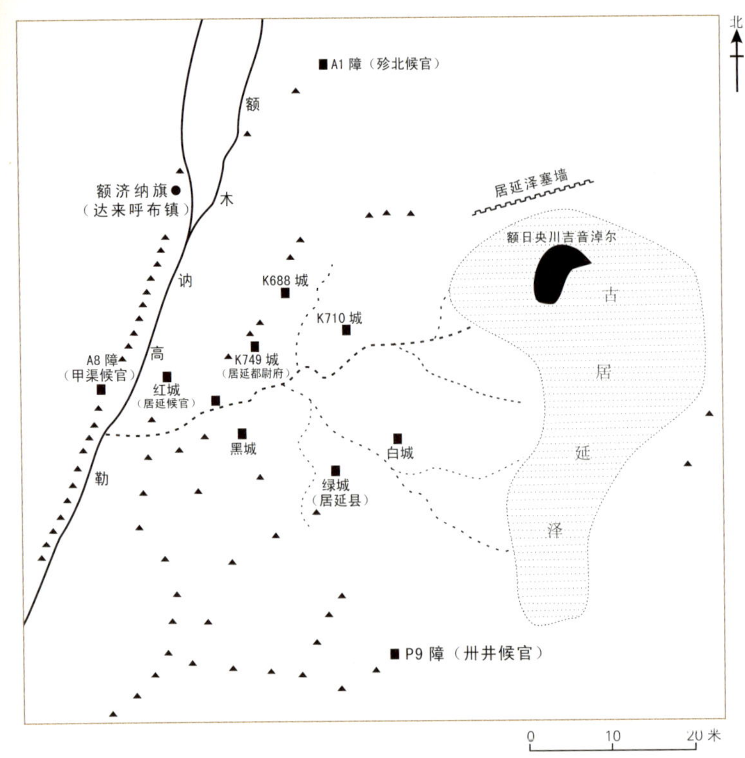

图一三
居延亭障分布图

延都尉府管辖殄北、甲渠、卅井、居延四个候官（图一三）。

王莽时期，北地边郡及其亭障遭到匈奴的破坏。到东汉光武帝时，重振边郡，西汉时期的部分障塞设施得以重新修葺使用，黑河中下游的亭障统称“居延塞”，包括了西汉以来的居延都尉府、肩水都尉府两大军事辖区。但随着南匈奴、乌桓、鲜卑等北方民族的不断南徙，东汉王朝逐步将北部边防交予这些民族来守卫。在居延塞，东汉设立张掖居延属国，管理秦胡、卢水胡等北方民族。东汉和帝永元三年（91年），大将军窦宪任命耿夔为大将军左校尉，率领800精骑，出居延塞，直趋北匈奴王庭，于金微山给予北匈奴重创，北单于逃遁，不知所踪。金微山之战，直接导致了北匈奴的西迁，汉朝历史上长期存在的汉、匈南北对抗至此彻底终结，“烽火候望精明”的居延塞逐渐化为历史的陈迹。

第二一章

赤峰 — 通辽地区战国秦汉长城

内蒙古东南部的赤峰 — 通辽地区，调查可见四道战国秦汉时期的长城，分别为中部的战国燕北长城、北部的汉长城、东部库伦旗境内的汉长城、南部的汉代烽燧线（图一）。

一 战国燕北长城

燕国于燕昭王在位期间（前311 ~前279年），国力达到了一个极盛时期，大将秦开北逐东胡，东胡退却千余里，大约在公元前290年前后，“燕

图一
赤峰 — 通辽地区战国秦汉长城分布图

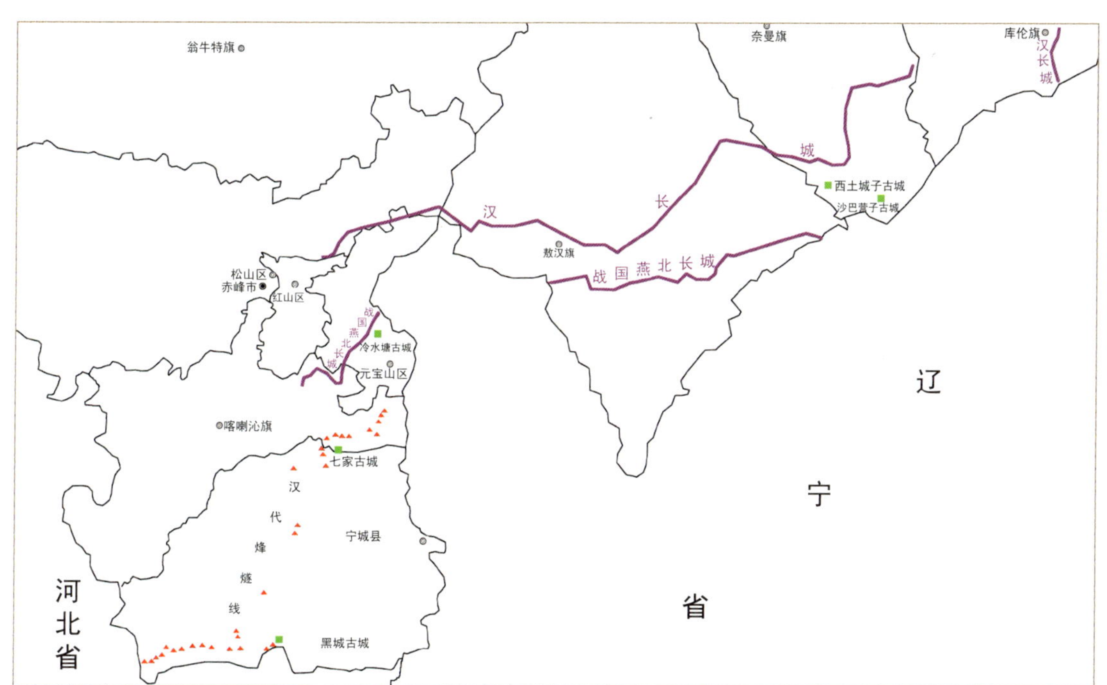

亦筑长城，自造阳至襄平，置上谷、渔阳、右北平、辽西、辽东郡以拒胡”[1]。相对于燕国此前沿易水北岸修筑的抵御齐、赵两国的燕南长城，北部“拒胡”的长城一般被称作燕北长城。

燕北长城主要分布于内蒙古自治区赤峰市和辽宁省境内，大体沿燕山山脉北麓的努鲁儿虎山和七老图山分布。在赤峰市，燕北长城由东向西延伸于敖汉旗、元宝山区和喀喇沁旗三旗县，调查长城墙体总长度为132千米，沿线调查烽燧40座、障城13座。

燕北长城墙体在不同的地理环境下采用不同的建造方式，墙体类型有土墙、石墙、山险与山险墙、河险等类，其中土墙长11千米，石墙长34千米，山险与山险墙长16千米，河险长1千米，消失部分长70千米。

土墙主要建于平原地带和山脚下，墙体线路大体依直线分布，修筑方法为就地挖沟取土，夯筑而成墙体。这一类墙体都保存较差，消失段落较多，其中消失部分绝大多数为土墙。保留下来的土墙多呈略高于地表的土垄状，长城调查中发现的保存较好段落，如位于喀喇沁旗的姜家湾长城4段，现存墙体基宽8米，顶宽2米，残高1.5米（图二）。消失段落并非完全无迹可寻，许多分布于耕地中的地段，在翻耕后的土壤中可见一条黑土带蜿蜒延伸。这条黑土带是当时筑墙时在墙体外侧挖土筑墙所形成的壕沟，现

图二

图二
赤峰市喀喇沁旗姜家湾长城4段（北—南）

1.《史记》卷110《匈奴列传》，中华书局，1959年，第2886页。

今被杂草和淤土填平后变成腐殖质土。这类腐殖质土较沟外的土质颜色为黑，从而成为原初长城墙体延伸的重要标示。这种黑土带现象，在敖汉旗十二连山以东一带，表现得尤为明显。黑土带宽普遍在4～4.5米，这个宽度应该接近于当时长城墙体外侧壕沟的顶部宽度。

石墙多建于山岭之上，墙体沿山脊分布，随山势蜿蜒起伏。墙体的构筑，一般为两侧用较大的石块砌筑成型，中间用碎石和沙土填实。石墙绝大部分倒塌严重，多仅存基础部分，塌落的石块散落在墙体两侧。但基础部分的构造仍清晰可辨，墙体砌筑整齐，底宽顶窄，剖面呈梯形。本次调查中发现的保存较好的段落，如位于敖汉旗的苟家沟长城1段，现存墙体底宽3～5米，顶宽1～4.5米，残高0.2～1米；位于敖汉旗的瓦盆窑长城，现存墙体底宽1.5～3米，顶宽1～2米，残高0.2～1米；位于元宝山区的朝阳沟长城3段，现存墙体底宽3.5米，顶宽2.5米，残高0.5～1.6米。石墙所处的地理环境受人为活动的影响较小，墙体坍塌是年代久远、风吹雨蚀所致，而完全的消失段落较少。

山险墙是在陡峭的崖壁处，利用崖壁稍加修筑而成。人工墙体建于两山夹峙的山口，用较大石块相互叠压砌筑。这一类墙体不多，只在敖汉旗十二连山、兰家窝铺村和元宝山区小五家镇等地有少量发现。山险是利用陡峭的山势和悬崖绝壁，形成屏障，使之与整个防线连为一体。这一类情况在敖汉旗西部、元宝山区、喀喇沁旗都有存在。

河险是利用河流作为天然屏障，将河流与长城墙体结合在一起。马家湾长城就是利用了老哈河进行河险防御的。

烽燧有的建在长城墙体上，有的建在长城墙体附近，多位于视野开阔的山丘顶部，少数位于面对山谷的山体鞍部。燕北长城沿线共调查烽燧40座，均位于石墙、山险墙和山险沿线，而在土墙沿线则没有发现。这些烽燧均为石块垒砌而成，从其残存的结构来看，为以石墙围砌而成的正方形、长方形、圆形等石圈，最初当是一个空心的封闭石砌结构，为烽燧中的坞（图三、四）。

图三

图四

燕北长城沿线共调查障城13座，绝大部分位于墙体内侧，有的直接将其北墙依托于长城墙体上，有的距离长城墙体500 ~ 1100米。障城墙体有土筑，也有石块垒砌。这些障城的规模大小不等，最大的边长达170余米，最小的边长仅为19米 × 9米（图五）。许多障城一大一小并列分布，如砖瓦窑1号障城和砖瓦窑2号障城，相互间距670米；刘家店1号障城和刘家店2号障城，相互间距1.32千米；槟榔沟1号障城和槟榔沟2号障城，相互间距1.2千米；姜家湾1号障城和姜家湾2号障城，相互间距1.63千米。

燕北长城分布的赤峰地区，清代以来农耕发达，燕北长城墙体与烽燧、障城等遗迹遭破坏较为严重。如，消失墙体占调查墙体总长的一半以上；土墙沿线的烽燧均破坏无存，具体形制不明；障城保留较少，难以归结其具体分布规律。

秦始皇三十三年（前214年）修筑万里长城之时，对燕北长城

图五

图三
赤峰市敖汉旗小瓦房沟2号烽燧（西—东）
图四
赤峰市敖汉旗陈家杖子2号烽燧（北—南）
图五
赤峰市敖汉旗房申障城（南—北）

作了沿用，燕北长城也是秦始皇长城的一部分。西汉时期，似对燕北长城作了加筑沿用；初步推断，燕北长城沿线成对分布的一大一小两座障城，小障城为燕北长城障城，大障城为西汉障城。

二　赤峰—通辽汉长城

分布于赤峰—通辽地区的汉长城，调查有两道：一道分布于通辽市奈曼旗和赤峰市敖汉旗、松山区境内，大体呈东西走向；一道分布于通辽市库伦旗境内，大体呈南北走向。

呈东西走向的汉长城位于战国燕北长城的北部，南距燕北长城10～50千米，为西汉王朝在加筑沿用燕北长城的基础上，于燕北长城北侧新筑的又一道防线。汉长城墙体总长为216千米，绝大部分为土墙，其中消失部分达108千米，占整个墙体长度的二分之一（图六、七）。墙体沿线调查烽燧6座、障城8座（图八、九）。从右北平郡所辖汉长城、战国燕北长城的南北平行分布来看，二者相距较近，两道长

图六

图七

图六
赤峰市敖汉旗陈家窝铺长城（东南—西北）
图七
赤峰市敖汉旗关东沟长城（东—西）

图八

城之间未设置县治，以双重防御的形式共同构成了一条边疆军事防御带。

在长城塞外，活动有依附汉朝的乌桓部族。据《后汉书·乌桓鲜卑列传》记载："及武帝遣骠骑将军霍去病击破匈奴左地，因徙乌桓于上谷、渔阳、右北平、辽西、辽东五郡塞外，为汉侦察匈奴动静。"[1]活动于塞外的乌桓，是西汉王朝在两道长城防线之外，设置的又一道"长城防线"。

分布于库伦旗境内、大体呈南北走向的汉长城，可专称之为库伦旗汉长城。库伦旗汉长城墙体的最南端发现于库伦旗白音花镇乃曼格尔村东北1.4千米处，紧邻厚很河北岸。为土筑墙体，顺着乃曼格尔村东北方向从北向南穿行于耕地之中，经东通什村东、色楞稿村西、敖和板村东、西牌楼村南、马营子村东，此后先后以一段铁牛河和库伦河的天然河道利用作为河险，墙体的分布时断时续。至库伦镇东皂户沁村东侧一带，为可见土筑长城墙体的最后一段。此后，长城墙体完全不见。在调查中，通过走访长城沿线村民，得知此段长城墙体原来一直延伸至养畜牧河南岸，墙体分布线路与今天的S305公路大体一致。后来由于村镇建设、

图九

图八
通辽市奈曼旗苇塘沟烽燧（西—东）
图九
赤峰市敖汉旗齐大窝铺障城（东北—西南）

1.《后汉书》卷90《乌桓鲜卑列传》，中华书局，1965年，第2981页。

道路修筑、常年耕种和沙地的特殊环境等原因，导致北部的这一段长城墙体完全消失无存。库伦旗汉长城墙体总长28千米，绝大部分为土墙，其中消失部分长达16千米（图一〇）。墙体沿线调查烽燧、障城各2座（图一一、一二）。

图一〇

东西向汉长城的东端、库伦旗南北向汉长城的北端，均邻近养畜牧河。初步推测，库伦旗汉长城非常有可能以养畜牧河为河险，向西与东西向汉长城连接了起来。这道连接起来的汉长城，西汉时期归属右北平郡、辽西郡管领。

图一一

图一二

三　赤峰南部汉代烽燧线

赤峰市南部的喀喇沁旗、宁城县境内，大体呈东北—西南走向，分布有一道汉代烽燧线。烽燧线遗迹以烽燧为主，辅以壕堑和障城，绵延长度达190千米。由于历史上大部分壕堑遭沙土掩埋，现断续发现并调查壕堑13段，总长为13千米；调查烽燧47座、障城5座（图一三～一五）。

图一〇
通辽市库伦旗东通什长城3段（北—南）
图一一
通辽市库伦旗马营子2号烽燧（北—南）
图一二
通辽市库伦旗马营子障城（西南—东北）

图一三

图一四

该道烽燧线东自辽宁朝阳市越过老哈河进入赤峰市喀喇沁旗境内，又从赤峰市宁城县向西南进入河北省承德市境内。初步推断，这道烽燧线为西汉时期沟通燕山南北的一条塞道，或即史料记载的古北口道。该条塞道途经西汉右北平郡郡治平刚县（今赤峰市宁城县黑城古城），又称平刚道[1]。沿线的壕堑，似为道路遗迹。烽燧线上，调查三座汉代古城，南部有黑城古城，中部有七家古城，北部有冷水塘古城。其中，冷水塘古城邻近战国燕北长城，或即西汉右北平郡都尉治所賨县。

东汉时期，右北平郡治所从平刚迁至土垠（今河北丰润县东），辽东、辽西、右北平三郡在燕山以北、努鲁儿虎山以东一线的行政建制均被撤销，三郡的主要管辖范围撤退至燕山以南、努鲁尔虎山以西一带，赤峰—通辽地区战国秦汉长城的延伸之域成为乌桓的游牧地。

图一五

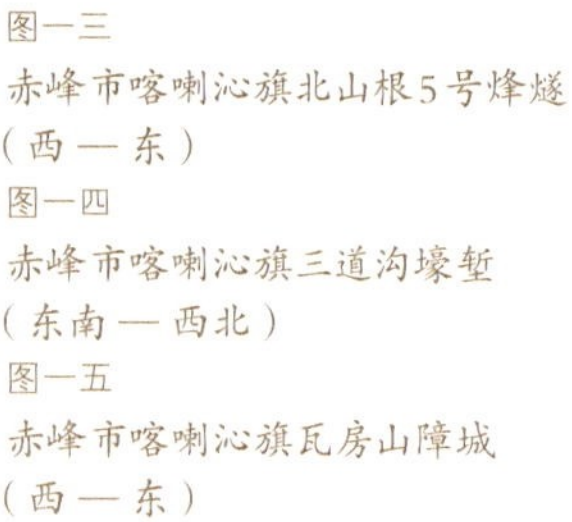

图一三
赤峰市喀喇沁旗北山根5号烽燧
（西—东）
图一四
赤峰市喀喇沁旗三道沟壕堑
（东南—西北）
图一五
赤峰市喀喇沁旗瓦房山障城
（西—东）

1. 陈业新：《"载纵载横"与无远弗近——秦汉时期燕蓟地区交通地理研究》，《社会科学》2010年第8期。